어서 와!
독서와 글쓰기는 처음이지?

어서 와! 독서와 글쓰기는 처음이지?

초 판 1쇄 2023년 12월 11일

지은이 김지안
펴낸이 류종렬

펴낸곳 미다스북스
본부장 임종익
편집장 이다경
책임진행 김가영, 박유진, 윤가희, 이예나, 안채원, 김요섭, 임인영

등록 2001년 3월 21일 제2001-000040호
주소 서울시 마포구 양화로 133 서교타워 711호
전화 02) 322-7802~3
팩스 02) 6007-1845
블로그 http://blog.naver.com/midasbooks
전자주소 midasbooks@hanmail.net
페이스북 https://www.facebook.com/midasbooks425
인스타그램 https://www.instagram/midasbooks

© 김지안, 미다스북스 2023, *Printed in Korea*.

ISBN 979-11-6910-413-5 03190

값 17,500원

미다스북스는 다음세대에게 필요한 지혜와 교양을 생각합니다.

어서 와! 독서와 글쓰기는 처음이지?

해외 살이 11년 차의
독서와 글쓰기
자기 계발 성장기

김지안 지음

미다스북스

들어가는 글

당신의 문제를 알아채는 것으로부터
다시 시작하면 된다

"너 자신을 알라."

소크라테스

"뿌린 대로 거둔다.", "현재의 내 모습은 이전의 내가 선택한 결과물이다."라는 말이 있다.

내가 어떤 선택을 하고 어떤 결정을 했느냐에 따라서 현재 나의 모습이 만들어진 것이다. 원인과 결과의 법칙이다. 직장인으로 살아온 지 27년 차이다. 한국을 떠나 중국과 베트남에서 11년째 주재원으로 일하면서 2016년부터 자기 계발을 시작했다. 나는 독서와 글쓰기를 시작하기 전과 후의 나로 나뉜다. 독서만 했을 때는 현상을 이해하기에 바빴다면 나의 삶이 눈에 띄게 바뀐 변화의 시작은 글쓰기를 만나면서부터다. 독서와 글쓰기를 하고부터 생각의 폭이 넓어졌고 이전과는 다른 생각과 태도로 일상을 보내게 되었다. 나는 이 책을 통해 나와 비슷한 어려움을 겪는 사람에게 도움이 되었으면 한다. 되도록 많은 사람이 스스로 '자기 자신의 문제를 인식하고 독서와 글쓰기를 통해 스스로 해결법을 찾아 어제보다 나은 오늘을 위한 도전'의 기회가 될 수 있기를 바란다.

　우리는 자기 자신의 관점으로 생각하고 선택한다. 현재 나의 모습은 과거 내가 선택했던 결과물이다. 각자가 매 순간 선택한 대로 인생을 만들고 가꾸어간다. 정원사가 없는 정원의 나무는 나뭇가지가 사방팔방으로 제멋대로 자란다. 감정의 정원사 역할을 하는 것이 생각의 통제이다. 감정은 생각의 통제와 지배를 받으면 받을수록 다듬어진다. 정돈되지 않은 정원에는 꽃과 나무가 무성하게 자라나게 되고 잡초가 자란다. 인간의 뇌는 부정적 생각과 감정에 훨씬 빨리 동화되도록 진화되어 왔다. 감정이 부정적으로 흐르면 잡초와 같은 걱정, 두려움, 불안이라는 감정에 지배받게 된다. 이러한 부정적 감정을 내버려 두게 되면 관리되지 않은 정원에 잡초가 자라는 모습과 같을 터이다. 내버려 둔 정원의 나무와 꽃은 어둠과 고통 속에서 비틀어져 잘 자라지 못하게 된다. 그러나 그런 어둠 속의 고통조차도 생각을 달리한다면 연못의 연꽃처럼 생각을 정화하는 기능이 생길 수 있다. 바람직한 생각으로 꽃 피울 수도 있다. 생각에 따라 태도를 달리하고 자기 자신을 믿음과 사랑으로 대하게 되면 내가 하는 말의 단어 선택부터 달라진다. 생각과 태도를 긍정적으로 바꾸면 삶의 방향도 긍정적으로 변화된다.

　각자가 자기 자신의 마음의 세계 속에서 살아간다. 기쁨, 즐거움, 행복의 긍정적 감정이나 슬픔, 분노, 억울함의 부정적 감정 등 모든 감정은 자신의 마음이 만들어 낸다. 그런 감정을 유지하거나 보내는 것도 내 선택으로 결정된다.

　나는 눌려 있던 감정이 폭발하는 분노 조절 장애 문제를 해결해야 했다. 해외 생활하면서 감정을 스스로 다스리지 못하는 일은 위험하기까지 하다. 참았던 화가 터지면 격앙된 감정을 감당하지 못했다. 부정적 감정의 원인을 파악해 볼 생각조차 하지 못했다. 다른 사람과 원만하게 소통하는 사람들이 주변에 있는데도 그들의 특징을 관찰하고 배워 볼 생각을 못 했다. 자기 자신의 마음을 통제하는 데에 성공하게 되면 원만한 인간관계를 형성할 수 있고 정돈된 인격을 갖추게 된다. 그 과정을 훈련하고 연습하는 노력이 필요했다. 독서와 글쓰기를 하면서 비로소 나는 나라는 사람에 대해서 이해하게 되었다. 나를 이해하고부터 나 자신을 사랑이라는 이름으로 보듬어 줄 수 있게 되었다.

　내부적으로 바꿔야 할 생각으로 자기 자신의 감정 통제하는 연습을 해야 한다. 외부 환경을 바꾸는 일은 불가능에 가깝다. 외부 환경인 타인의 성격이나 감정을 내가 통제할 수 없기 때문이다. 타인의 말이나 행동에 영향받지 않기 위해서 상황에 대한 이해와 주변에서 일어나고 있는 현상을 주의 깊게 관찰하는 연습을 반복한다. 내부적으로 내가 가져야 할 가장 중요한 태도는 자기 주도적인 태도이다. 자기 생각이 정리되어 가치관을 만들고 더 나아가 나의 철학을 만드는 일은 중요한 일이다. 자기 자신의 감정이나 지향하는 바에 대한 명확한 목표가 서게 되면 흔들리지 않는 생각의 기둥을 세울 수 있다. 생각의 기준이 서 있다면 다른 사람이 아무리 강요하는 일이 있다 하더라도 타인의 뜻에 따라 행동하지 않는 당당한 태도를 갖출 수 있다. 설령 가스라이팅 당하게 되는 일이 생기더라도 타인의 생각에 지배당하지 않고 스스로 생각하는 힘을 갖게 된다. 이러한 태도는 자기 자신과 다른 사람 사이에 원활한 소통에 도움이 된다.

세상의 복잡하고 혼란한 상황을 없앨 수는 없다. 하지만 자기 자신의 혼란스러운 감정은 진정시킬 수 있다. 자기 자신만이 조절할 수 있다. 우리 인생에는 항상 고난과 고통의 어려움이 함께한다. 그런 어려운 인생 속에서 두려움, 불안, 걱정을 넘어설 방법은 있다. 외부의 어지러운 소음 속에 둘러싸여 있을지라도 고요한 마음을 가질 수 있다. 주변을 차분하게 관찰하고 경청하다 보면 고통과 고난의 감정에 휩싸여 있는 나를 발견할 수 있다.

 나는 고통의 원인을 찾으려 외부로 눈을 돌렸다. 그런 나의 태도는 오히려 부정적 감정만 키울 뿐이었다. 밖으로 향하던 시선을 내 안으로 돌렸다. 독서와 글쓰기로 바뀐 태도였다. 독서를 하면서 내 마음과 감정이 반응하는 원인을 찾았고 글쓰기를 하면서 자신을 위로하고 감싸줄 수 있었다. 내 안에 고통, 불안, 두려움, 걱정의 원인이 자리 잡고 있었다. 오랜 세월 해결하지 못한 삶의 문제, 원인과 본질, 나의 태도를 대면했다. 현상을 펼쳐 놓고 경우에 따라 분류하니 원인을 알게 되었다. 해결 방법에 직접적으로 접근할 수 있었다. 가장 먼저 나를 사랑하고 세상을 향한 긍정적인 시선을 갖게 만들어 준 법칙이 있다. 사랑의 법칙을 알게 된 일이다. 나부터 소중히 여기고 사랑하라.

 삶은 나에게 몇 단계의 경고 신호를 보내왔다. 잘못되고 있으니 눈치껏 알아차리라는 듯이 작은 조약돌로 뒤통수를 건드리듯 약한 신호를 보냈다. 약한 신호를 느꼈을 때 별일 아니라고 지나쳐 버렸다. 그러자, 조약돌보다 조금 더 큰 돌이 날아왔다. 운 좋게도 크게 다치지 않았다. 내게 보내는 신호인지 몰랐다. 나는 자기 자신을 뒤돌아보지 않고 관성적으로 생각하고 행동했다. 내가 무엇을 잘못하고 있는지조차 몰랐다. 변화 없는 나에게 경고라도 하듯이 다음에는 더 큰 벽돌이 날아왔다. 세게 얻어맞고 나서야 뭔가 잘못되고 있다고 생각했다. 왜 내게 이런 일이 생겼을까? 누군가를 원망한들 감당해야 할 사람도 해결해야 할 사람도 나였다. 나의 선택으로 빚어진 결과였다. 더 큰 바위가 덮치기 전에 독서와 글쓰기를 통해서 나는 태도를 달리할 수 있는 행운을 잡았다.

억울하고 속상한 감정이 들 때면 떠올려봐야 한다. 이 메시지는 무엇일까? 잊지 말고 되짚어 생각해야 한다. 내 뜻과 달리 타인의 의도에 따라 움직이게 된다면 일을 재미있게 하기 어렵다. 젊은이라면 누구나 자신의 미래 모습을 그리며 꿈을 꾼다. 내가 하는 일에 재미와 의미를 생각하면서 어떻게 살 것인가에 대해서 숙고의 시간을 보내는 것이 중요하다.

독서와 글쓰기를 통해서 나의 문제를 발견하고 해결하는 방법을 찾아서 일상에 적용하고 조금씩 변화에 도전하는 삶을 살고 있다. 나의 감정을 조절하고 타인과 원활하게 소통하는 방법을 찾아가면서 이전에 경험해 보지 못했던 편안한 일상을 발견하게 되었다. 다른 사람과 소통할 때 상대의 말에 귀 기울이게 되었고 먼저 반응하기보다 듣기를 잘하기 위해 충실히 듣기를 연습한다. 쉽사리 변하지 않지만 꾸준한 연습과 노력을 하다 보면 내일은 조금 더 성장해 있으리라 기대한다. 인생의 문제를 발견하고 해결하고 싶은 독자에게 독서와 글쓰기 습관을 만들어 어제보다 나은 오늘을 살게 된 나의 이야기를 전하며 이 책을 세상에 내보내려 한다.

2023년 8월, 베트남 하노이에서 김지안

차 례

◇ 제 4 장 ◇

오늘보다 나은 내일을 위한 도전

◆ ◆ ◆

제 1 장

삶의 문제를 발견하는 독서와 글쓰기

달라지고 싶다,
어떻게 달라질 수 있을까

"화를 내면 주위의 사람들은 많은 상처를 입는다.
그러나 그것보다 더 큰 상처를 입는 사람은
바로 화를 내는 당사자이다."

레프 톨스토이

해결해야 할 인생의 문제 발견

개인이 분노를 적절하게 조절하기 어려운 상태를 분노 조절 장애라고 한다. 분노 조절 장애를 겪는 사람은 평범한 일상생활에서 일어나는 일에 비정상적으로 감정을 폭발하는 분노 반응을 보인다. 이러한 감정 통제 불능 상태는 일상생활뿐만 아니라 대인관계에 부정적인 영향을 끼칠 수 있다. 심리치료가 필요하기도 하다. 보통의 일상적인 기능이 어려워질 수 있고 사람 간의 상호작용에 문제가 되기도 한다. 문제가 있는데도 문제조차 의식하지 못하고 살기도 한다. 성찰 없이 흘러가는 인생 배는 어디로 나아갈지 방향을 잃게 된다. 어느 순간 정신이 들었을 때 내가 어디에 와 있는지조차 멍해질 뿐이다. 망망대해에서 표류하고 있는 나를 발견하게 된다.

1979년 무더운 여름, 일곱 살 철부지였다. 아빠에게 부라보콘 아이스크림을 사달라고 했다. 동네 가게에서 아빠가 사다 준 아이스크림은 쮸쮸바였다. 부라보콘이 구멍가게에 팔지 않았던 모양이었다.

"쮸쮸바 싫어!! 부라보콘 사 줘!!" 울며불며 떼를 썼다. 아빠는 쮸쮸바를 이미 샀으니 먹으라며 쮸쮸바 꼭지를 따서 나의 한 손에 쥐여주었다. 나는 아이스크림을 바닥에 패대기쳤다. 초등학교 저학년 때까지도 나는 내가 원하는 대로 되지 않으면 울며불며 발을 동동 굴러가며 떼썼다. 내 기억에 남아 있는 처음이자 마지막 아빠의 성난 얼굴이 기억난다. 그런 일이 있고 한동안 나는 아빠를 무서워했다. 딸바보 아빠는 나의 마음을 풀어주려고 애썼다. 공무원이던 엄마는 아빠와 결혼 후에도 직장을 다녀야 했다. 아버지는 친가와 외가 시골 전답을 팔아 사업을 쉽게 시작하고 쉽게 털었다. 아버지 수입이 일정치 않다 보니 엄마는 직장을 그만두지 못하고 아이 두 명을 낳고도 회사에 다녀야만 했다. 엄마는 항상 바빴다. 새벽 4시에 일어나서 두 아이 도시락 싸서 학교 보낼 준비해 놓고 본인 출근하고 퇴근 시간이 되면 정확히 집으로 돌아왔다. 그런 엄마와 아빠의 생활은 대조적이었다. 내 눈에 비친 아빠는 한량이었다. 스무 살이 되기 전까지, 아빠가 두 번의 사업을 실패할 때마다 가정 살림은 박살 났다. 살 만해지면 무너지기를 반복했다. 그런 가정을 지킨 건 엄마였다. 엄마는 한 번씩 감정이 폭발했다. 엄마와 아빠가 싸울 때는 무서웠다. 나는 소파 뒤 커튼 속에 숨어버리곤 했다. 이제나저제나 싸움이 멈출까 생각하다가 잠들기도 했다. 어린 생각에 아빠에게 화내는 엄마가 나쁘다고 생각했던 적도 있다. 아빠가 불쌍해 보였다. 철이 들고서야 알게 되었다. 가장의 역할을 외면한 아빠에 대한 엄마의 분노였다. 억누르던 화를 참지 못하고 감정 폭발하는 엄마의 모습을 보면서 나도 모르게 닮아가고 있었다. 화내는 엄마는 무서웠지만 언제나 믿음직하게 우리 남매를 지켜준 건 엄마였기에 잘못된 태도라고 생각하지 않았다.

 "됐어! 하지 마! 다 치워 버려!" 옷걸이에 걸려 있던 여러 장의 샘플을 바닥에 패대기쳤다.

 2011년 6월, 금요일 밤부터 토요일 오전까지 동대문 새벽 도매 시장을 돌며 디자인 참조용 샘플을 샀다. 몇 주 동안 주말 밤을 꼬박 새웠다. 다가오는 2012 SS 트렌드 기획전을 준비하기 위해서였다. 나에게 새벽 시장 조사를 하라고 시킨 사람은 아무도 없었다. 내가 알아서 찾아다녔다. 일에 있어서 성과를 내고 싶어서였다. 동료들은 대부분 아이가 있는 유부녀였다. 퇴근 시간 이후 활동에 대해서 동의할 수 있는 사람은 없었다. 주말 새벽 도매 시장 조사는 항상 내 몫이었다. 월요일 아침, 정 차장이 다가와 샘플을 보며 말했다. "김 차장님! 샘플 좋네요. 차장님이 이번에 사 온 우븐 라이트 샘플은 우리 파트에서 준비한 샘플 옷걸이로 옮길게요. 고마워요. 다른 팀 샘플까지 준비해 주고. 예산은 우리 파트 비용으로 정산할게요." 나는 섭섭한 생각이 들면서 화가 치밀어 올랐다. 정 차장에게 화낼 일이 아니었음에도 나는 억울했다. 정 차장은 일을 깔끔하게 처리하는 성격이었다. 고마운 일과 미안한 일에 대해서 잘 표현하는 성격이었다. 단지, 나처럼 일에 승부를 걸지 않았을 뿐이다. 인간적으로 나는 정 차장을 좋아했다. 몇 년을 함께 일했지만 언제나 업무에 있어서 선을 지키는 사람이었다. 정 차장뿐만 아니라 다른 팀원들 모두 샘플을 패대기치면서 소리 지르는 나에게 기겁했다. 더 큰 문제는 그런 나의 태도에 대해서 무엇이 잘못된 태도인지 인식하지 못했다. 사실 버럭 화를 내고 나서 내가 얻은 것은 없었다. 오히려 사람을 잃었을 뿐이다.

원인과 결과의 인과관계

감정 통제를 못 하는 요인은 여러 가지다. 유전적인 요인, 환경적인 요인, 정신적인 요인, 스트레스 등 개인마다 상황에 따라 다르게 작용한다. 독서를 하고부터 나는 나의 분노 조절 장애 원인에 대해서 되짚어 보았다. 나는 책을 읽고 내가 감정 통제를 못하고 폭발하는 이유를 발견했다. 활화산처럼 폭발하고 그 화산재에 얻어맞은 사람은 깊은 화상을 입고 떠나갔다. 감정 통제를 하지 못해서 폭발한 다음 가장 상처받은 사람은 바로 나였다. 왜냐하면, 가깝게 지내던 사람들로부터 멀어졌기 때문이다. 정 차장도 그중 한 명이었다. 분노 감정의 방아쇠가 되는 '억울함'에 대한 원인을 발견하고 나서부터 나는 자기감정을 통제하는 방법을 내 삶에 적용했다. 분노의 원인과 결과를 인지하고 이해하니 감정 폭발은 점점 줄어들게 되었다. 감정이 앞선다는 생각이 들면 속도를 늦추고 상황을 돌이켜보는 시간 여유를 갖고 점검하려 했다. 원인과 결과의 인과관계를 이해함으로써 더 나은 문제 해결, 예방, 의사결정, 성장, 관리, 분석을 할 수 있었다. 이는 개인적인 삶에서부터 조직과 사회적인 관점에서 모두 중요한 역할을 한다. 나의 인생 작가 제임스 앨런은『원인과 결과의 법칙』책에서 말한다. "인생은 한 조각의 천과 같고, 각 개인의 삶은 그 천을 구성하는 여러 실과 같다. 그 실들은 서로 의존해 있으면서도 서로 뒤섞이지 않는다. 각각의 실은 자신의 길을 간다. 각 개인은 자기 선택의 결과를 감당하게 된다. 각 개인의 인생 행로는 단순하게 한정되어 있지만 그런 것들이 모인 전체적 삶은 복잡하면서도 조화로운 결과들의 결합이다. 작용과 반작용, 행위와 결과, 원인과 결과는 힘의 균형을 이루며, 항상 처음의 추진력에 정확히 비례한다. 감정 조절은 생각의 관점과 태도를 바꾸면 수월하게 연습할 수 있다.

분노 조절 장애의 인과 관계 인지할 때 이로운 점

분노 조절 장애의 원인과 결과의 인과관계를 인지하고 행동하면 다음과 같이 이로운 점이 있다.

첫 번째, 문제 해결이다. 분노의 원인과 결과의 인과관계를 파악하면 문제 상황의 근본 원인을 찾고 이를 해결할 수 있다. 결과를 개선하기 위해 원인을 해결하는 접근법을 사용할 수 있다.

두 번째, 화가 나는 것을 예방할 수 있다. 인과관계를 이해하면 미래에 발생할 수 있는 문제를 예방할 수 있다. 원인을 파악하고 화가 나는 상황 조짐을 느끼면 자리를 뜨거나 분위기를 환기하는 등 조치할 수 있다. 감정이 올라와 관계에 영향을 끼칠 수 있는 부정적인 결과를 방지할 수 있다.

세 번째, 학습과 성장이다. 원인과 결과를 분석하고 이해하는 과정은 학습과 성장을 도모한다. 감정 조절의 성공과 실패에 대한 원인을 파악하여 더 나은 결정을 내릴 수 있고, 경험을 통해 개인적으로 생각과 감정을 조절하는 방법을 개선 발전시킬 수 있다.

네 번째, 감정이 생기는 상황을 효율적으로 대응할 수 있다. 인과관계를 이해하면 특정 관계가 발생할 때 어떻게 대응해야 하는지를 미리 계획할 수 있다. 이를 통해 더 효율적으로 대응하고 대처할 수 있다.

다섯 번째, 조직이나 팀을 리드하고 관리할 때도 감정이 나는 원인과 결과의 관계를 이해하는 것은 중요하다. 원인을 분석하여 조직 내 문제를 해결하고 조직 성과를 향상하는 데 도움이 된다.

2

백 투 더 패스트 "책 좀 읽어라!"

"행복의 문이 하나 닫히면 다른 문이 열린다.
그러나 우리는 종종 닫힌 문을 멍하니 바라보다가
우리를 향해 열린 문을 보지 못하게 된다."

헬렌 켈러

의욕 없는 삶을 살아 본 경험이 있다. 스무 살 이전까지 나는 내가 이 세상에 왜 태어났는지 궁금했다. 열심히 살아야 한다. 공부 잘해야 한다. 어른이 되면 뭐가 될 건지 꿈이 있어야 한다. 이런저런 고민은 했지만 하고 싶은 일도 하고 싶은 공부도 없었다. 나는 재미없는 공부는 아무리 책상에 앉아 있어도 집중할 수 없었고 지루하기만 했다. 흥미나 재미가 느껴지는 세계사, 한문, 미술 과목만 열심히 했다.

교육 환경이 좋은 곳에서 학교 보내고 싶었던 엄마는 오빠가 6학년, 내가 4학년 때 강남 8학군 개포동으로 이사를 결정했다. 오빠는 초등학교 때부터 고등학교 때까지 내내 공부를 잘했다. 전교에서 최상위권을 벗어나지 않았고 수학은 전국 모의고사 일등을 하기도 했다. 나는 공부로 오빠와 경쟁상대가 안 됐다. 오빠보다 잘하는 게 없었다. 나의 학교생활은 무료했다. 조용히 학교를 오가는 것으로 의무를 다했다. 공부 잘하는 오빠 덕분에 주변에서는 동생인 나도 공부를 잘하는 줄 알았다. 같은 아파트에 사는 나의 또래 친구들은 대부분 학교에서 성적 상위권자들이었다. 성적 격차가 큰 친구들과 어울리면서 나는 우울감에 빠졌다. 나는 어떻게 해도 잘할 수 없었다.

스스로 생각하기

"엄마! 산수가 너무 어려워. 학교 가기 싫어!"

1986년 초등학교 6학년 때였다. 나는 침대에 걸터앉아 훌쩍이고 있었다. 퇴근해서 돌아온 엄마는 울고 있는 나를 보고 놀라며 안아주었다. 엄마가 안아주자 나는 목놓아 엉엉 울기 시작했다. 산수 과목 원의 지름과 반지름을 구하는 문제였다. 나는 암담했다. 공부 잘하는 오빠가 있었지만 나에게 친절한 오빠는 아니었다. 어떤 문제에 대해서 깊이 고민해서 풀어낼 줄 몰랐다. 문제집을 풀다가 잘 모르겠다 싶으면 뒷면 정답지를 보고 확인하기 바빴다. 황농문 교수의 『몰입』 책에 따르면, 오랜 시간을 포기하지 않고 생각하면 아무도 해결하지 못한 문제도 풀 수 있다는 자신감이 생긴다. 또한 앞으로 배울 내용과 개념을 완전히 파악하여 강의를 통해 설명을 듣기보다 스스로 생각해 볼 기회를 먼저 가져 볼 때 훨씬 더 효과적일 때가 있다고 말한다. 어릴 때 나는 문제를 풀기보다 정답 찾기에 급급했다. 문제를 풀지 못하면 공부 못하는 게 공개될까 두려웠다. 엄마는 나를 수학 보습 학원에 보냈다. 비교적 안정적이던 중학교 시기를 거치면서 성적은 중상위권으로 올라갈 수 있었다. 그러나 고등학교 1학년이 되자, 집안이 다시 주저앉았다. 공부에 재미가 느껴질 무렵 가세가 기울어 학원에 갈 수 없었다. 다니던 학원을 그만두고 나서 학교 성적은 곤두박질쳤다. 스스로 끝까지 문제를 풀어내려는 습관이 없었다. 공부를 도와줄 사람이 사라지자 자포자기했다. 야간자율학습을 하던 학교 도서관에서 친구들이 공부할 때 옆에서 소설책을 읽거나 두꺼운 영어 사전을 베개 삼아 엎드려 잤다. 주변 친구 대부분 자기 미래를 향해서 목표를 세우고 달리고 있었지만 나는 목표도 꿈도 없이 의미 없는 시간을 보냈다. 고등학교 2~3학년 때의 나를 떠올리면 청소년 우울증을 의심해본다. 스스로 생각하는 훈련이 없었다.

왜 포기가 쉬웠지?

독서 습관을 어려서부터 들였다면 다른 세상을 만났을 거다. 학창 시절에 나는 뭐든지 포기가 쉬웠다. 조금 건드려 보다가 어려우면 바로 포기했다. 문제를 해결하기 위해서 시간을 들여 고민하고 생각해 본 경험이 없었다. 자포자기하는 습관이 자리 잡았다. 포기하는 습관이 든 이유는 뭘 해도 실패하리라는 두려움 때문이었다. 멈춰 있는 나의 뇌를 움직이게 할 방법을 몰랐다. 청소년기의 우울한 감정에 쌓였던 이유는 거듭된 학습 실패 경험이었다. 도전해 봐야 성공할 수 없다는 생각에 도전에 소극적이었다. 소극적인 태도는 성취를 위해 필요한 도전 정신에 소화기 역할을 했다. 성공 경험이 중요하다는 걸 몰랐다. 작은 성공도 경험해 보지 못했기에 자기 효능감을 경험하지 못했다.

학습 계획과 의식적 노력이 필요해

마흔네 살 무렵부터 책을 읽기로 했다. 5년 넘게 독서를 했지만 나 스스로 변화를 느낄 만큼 달라지지 않았다. 독서에 매달렸는데도 감정적인 불안이나 걱정을 해소하지 못했다. 정확하게 나의 문제가 무엇인지조차 가늠하지 못했다. 무작정 책을 읽는다고 사람이 변하지 않는다는 걸 독서 경험을 통해서 배웠다. 학습을 위한 계획과 목표, 의식적인 노력, 연습이 필요했다. 독서와 글쓰기를 병행하자 조금씩 나를 보는 힘이 생겼다. 글쓰기는 머릿속으로 생각만 하던 나의 모습을 눈으로 확인하게 했다. 독서와 글쓰기를 병행하면서 깊이 있는 탐구를 이어갈 수 있었다. 나를 비춰주는 글쓰기를 반복하자 책을 고르는 관점이 바뀌었다. 나에게 필요한 책을 찾아서 읽고 내 삶에 적용할 점을 찾아 글로 쓰고 일상에서 실행했다. 독서와 글쓰기를 모르고 살던 때 나는 단편적인 생각만 했다. 독서를 하지 않으니 다양한 사고를 못하고 눈에 보이는 현상만을 보고 판단했다. 무분별한 일상의 사건을 거름망 없이 받아들였다. 이쪽 문이 닫히면 다른 쪽 문이 열리는 법이라 했거늘 내가 생각했던 방법만 있다고 생각했다.

친구 따라 강남 간다

　초등학교 때부터 친하게 지내던 친구 은성이네 집에 가면 방 한 칸이 온통 책이었다. 은성이는 삼 남매 중 둘째였다. 삼 남매 모두 학교에서 소문난 수재들이었다. 집안 분위기는 도서관 분위기였다. 은성이 아버지는 독서광으로 늦은 나이에 행정고시 합격 후 공무원이 되었다. 은성이네 집은 우리 집 분위기와는 달랐다. 초등학교 6학년 때 은성이는 이미 철학책을 읽고 있었다. 나는 은성이가 하는 말이 무슨 뜻인지 이해할 수 없었다. 은성이와 나는 고등학교 졸업 후 멀어졌다. 그 당시 나는 은성이와 멀어진 이유가 은성이는 명문대에 진학했고 나는 재수생이 되었기 때문이라고 생각했다. 진짜 이유는 성인이 되어가면서 은성이와 나 사이 대화 공감대가 없어졌기 때문이었다. 점점 할 말이 사라져갔다. 친한 친구와 멀어지는 과정에서 상실감과 패배 의식을 느꼈다. 어릴 때부터 책 읽는 좋은 친구가 곁에 있었는데도 나는 독서하지 않았다. 그때의 나에게 나는 말해주고 싶다. "은성이 따라서 책 좀 읽어라!"라고 말이다. 청소년기의 나를 돌이켜 보면, 사회적인 연결 인간관계 연습이 원활하지 못했다. 학업을 성취하는 데서도 혼자서 끙끙거리면서 길을 찾다 보니 쉬운 길도 돌아갈 수밖에 없었다. 오빠에게도 공부를 도와달라고 하지 않았다. 현실 문제를 해결하며 살아야 했던 바쁜 부모님에게 도움받기 어려웠다. 나는 스스로 해결해야만 했다. 그렇다고 누구를 탓하고 싶지는 않았다. 그저 나의 상황을 받아들일 뿐이었다.

큰 목표에 도전하는 건 엄두가 나지 않았다. 내가 좋아하고 재미있어하는 일을 찾은 후 내가 되고 싶은 모습의 나를 상상했다. 그 후부터는 해결해야 할 문제는 하찮게 여겨졌다. 작더라도 명확하고 구체적인 목표를 설정했다. 너무 많은 압박을 받지 않고 조금씩 아주 작은 성공을 거듭하면서 성취감이 생겼다. 무기력증을 극복하기 위해서 꾸준한 노력과 일관성 있는 도전을 위해 동기부여가 필요하다. 내 미래의 꿈을 이뤘을 때 모습을 상상하면서 매일 조금씩 노력하는 과정은 나를 견디는 사람으로 만들었다. 의욕이 없고 자기 자신에 대한 신뢰가 없었던 나를 할 수 있다는 자신감이 있는 사람으로 변하게 했다. 무기력증을 극복하는 데에는 시간과 노력이 필요하다. 뭣보다 계기가 중요하다. 잠자고 있는 나의 꿈에 대한 희망을 발견하게 된다면 도전 용기를 낼 수 있을 것이다. 자기 자신을 잘 돌보고 격려하는 태도가 중요하다. 어려울 때 멈추지 않고 꾸준히 노력하려면 나 자신을 믿어야 한다. '자기 확신'이다. 꿈과 목표의 중요성과 자기 확신, 자기 암시의 무한 힘을 알게 한 힘은 독서다.

3

길을 잃었니?
닥치고 책을 읽어

일단 실행 버튼을 눌러

"삶을 돌이켜보면 때로는 실수하거나 잘못된 선택을 한 것처럼 보이는 경우가 있다. 하지만 존재의 어떤 차원에서 보면 그 당시로서는 그것이 최선의 행동이었고 언젠가는 그것이 뒷걸음질이 아니라 앞으로 내디딘 발걸음이었다는 것이 밝혀질 것이다." 말로 모건 작가의 『무탄트 메시지』에 나오는 글귀이다. 인생의 어떤 큰 변화가 생기거나 계획에 없었던 도전을 해야 하는 상황이 닥치면 불안감이 생길 수 있다. 삶의 목표를 잃어 버린 느낌이 들어 스트레스가 커지거나 우울감이 든다면 정상적인 일상

29

을 보내기가 어려워진다. 방황하는 일상을 보내게 되는 이유는 개인적인 상황 변화나 환경의 변화, 인간관계 문제 등으로 일과 생활의 균형이 무너지게 되기 때문이다. 이런 때 어떤 해법을 찾을 수 있을까? 자신의 감정과 방향 목표를 재평가해야 한다. 보통은 도움을 받을 만한 가족이나 친구, 선배를 찾게 마련이다. 주변인으로부터 도움을 받을 수 있다면 더할 나위 없이 좋은 일이다. 도움을 청할 사람이 곁에 없다면, 어떻게 하는 게 좋을까? 누구나 선택할 때는 당시의 상황에서 최선의 선택지를 고르게 마련이다. 시간이 흐른 뒤에 뒤돌아보면 잘한 선택일 수도 그렇지 않은 선택일 수도 있다. 그렇다고 선택을 무작정 미룰 수도 없다. 일단 최선이라 생각하는 방향으로 선택하고 수정 보완해가야 한다.

터진 비닐 봉지, 나뒹구는 단추들

　1996년 3월, 재수해서 들어간 전문대학 의상과를 졸업하고 23살의 나는 남대문 시장 디자이너로 취업했다. 사무실은 서초동이었다. 급여는 한 달 38만여 원이었다. 아무리 못 받아도 60만 원은 받아야지 어떻게 그걸 받고 출근할 생각을 하느냐고 말하는 친구가 있었다. 급여 액수를 따지고 출근할 처지가 아니었다. 어차피 취업하고 싶었던 패턴 모델리스트 자리로 못 갈 바에야 현장으로 가서 수작업 패턴을 배워볼 요량이었다. "오늘은 첫날이니까 시장 다녀와!"라고 선배 디자이너 주례 언니는 말했다. 출근 첫날부터 동대문 종합시장으로 심부름하는 일을 시작했다. 서초동에서 동대문 종합시장까지 버스를 타고 갔다. 대학 다닐 때 학교 과제를 위한 자재를 사러 자주 들락거렸던 동대문 종합시장이 새삼 거대하게 느껴졌다. "언니! 코코에서 왔는데요. 주문한 단추 찾으러 왔어요." 나는 주례 언니가 준 장기를 단추 가게 매장 직원에게 내밀었다. 장기를 받아 든 점원은 나를 위아래로 훑어보았다. "또 새로 왔나 봐? 그 집은 직원이 자주 바뀌네." 그녀는 뒤로 돌아서며 매대 안쪽에서 수북이 쌓여 있는 보따리 사이를 뒤적였다. 큼지막한 검은색 봉투 하나를 꺼내서 힘겹게 매대 밖으로 넘겨주며 말했다. "아우! 무거워! 너 이거 혼자 들고 갈 수 있겠니!? 사입 삼촌 함께 안 왔어?" 봉투를 넘겨받는 순간 나도 모르게 팔에 힘이 풀렸다. 검은색 봉투는 툭! 하고 바닥에 떨어졌다. 족히 10kg 이상은 될 법했다. 머리보다는 힘이 필요한 곳이었다. 동대문 종합시장 D동 3층에서부터 1층까지 계단으로 내려가야 했다. 한 계단씩 툭! 툭! 툭! 떨어지는 짐의 무게가 내 팔에 전해질 때마다 내 몸은 뒤로 밀려났다. 1층까지 어렵사리 내려왔다. 무게를 감당할 수가 없어서 계단에서부터 건물 밖으로 나가기 직전까지 검은색 봉투를 질질 끌었다. 건물 밖 인도 보도블록 면은 거칠어 보였다. 짐을 바닥에 놓고 끌었다가는 봉투가 터져 버릴 게 분명했다. 하는 수 없이 손을 바꿔가며 짐을 들었다. 버스 정류장을 향해 걸어갔다. 사람들은 앞다퉈 어딘가를 향해서 오고 갔다. 붐비는 길 위에 무거운 짐을 들고 사람 사이를 뚫고 걸어갔다. 건널목 앞에 도착했다. 짐을 바닥에 철버덕 내려놓았다. 나는 허리를 펴며 양손을 허리춤에 놓고 숨을 크게 내쉬었다. 신호가 바뀌자 사람들이 우르르 길을 건넜다. 나는 황급히 짐을 들어 올렸다. 그러나 기운이 풀려서인지 짐을 가뿐히 들 수 없었다. 신호등이 바뀔까 급한 마음에 아스팔트 위에 짐을 질질 끌며 걸었다. 팔다리에 기운이 빠졌다. 신호등 신호는 생각보다 빨리 바뀌었다. 초록색 불이 깜빡거리자 나는 속도를 내서 끌었다. 퍽! 하는 소리와 함께 건널목 위에서 단추가 든 봉투는 터져버렸다. 나는 혼자 중앙 분리대 사이에 남겨졌다. 쌩쌩 달리는 차도 위에 단추들이 나뒹굴었다. 도로 위에 뿌려진 저 많은 단추 어떡하지? 나 여기서 살아남을 수 있을까?

다른 길을 찾아

막내 디자이너는 동대문 종합시장에서 자재를 찾아오는 심부름을 하거나 창신동과 면목동에 있는 생산 공장에 심부름 다니는 일을 주로 했다. 재단사 실장은 패턴 테이블 근처에 얼씬거리는 것조차 허락하지 않았다. 현장에서 패턴을 배운다는 건 상상에 불과하다는 걸 깨닫는 데 그다지 오랜 시간이 걸리지 않았다. 디자인실 생활은 아침 7시까지 출근해서 청소로 시작했다. 디자인실은 열한 명이 근무했다. 그 당시만 해도 사무실에서 담배 피우는 일은 흔했다. 상무님부터 디자이너 언니들 대부분이 골초라서 사무실은 언제나 담배 연기로 자욱했다. 나는 차라리 사무실을 벗어날 수 있는 외근이 좋았다. 아침에 출근하면 언니들과 상무님 책상에 있는 담뱃재로 가득 찬 재떨이를 깨끗이 치우고 책상을 말끔히 닦았다. 그때는 그런 자질구레한 일들은 막내 디자이너 몫이었다. 9시 무렵이 되면 언니들이 출근했다. 지각하는 사람이 많았다. 막내 디자이너들은 보통 첫날 하루 또는 일주일 정도 근무하고 나면 내빼는 경우가 허다했다는 걸 지내면서 알았다. 나에게 가장 고역은 원단 먼지를 참는 거였다. 사무실과 생산 공장, 동대문 종합시장 등 내가 생활하는 모든 공간은 원단 먼지로 가득했다. 패션 디자이너 업무가 옷을 만드는 일이다 보니 화학성분 덩어리 원단을 계속 만져야 했다. 원단을 만질 때마다 손을 씻을 수도 없는 노릇이었다. 낮에는 동대문종합시장과 생산 공장으로 다니고 사무실에 돌아와서는 생산 투입한 디자인과 투입해야 할 디자인 원부자재를 정리했다. 신상 제품 디자인이 나오면 샘플 제작용 자재를 준비해야 했다. 하룻밤만 지나고 나면 디자이너 아홉 명이 그려내는 샘플 제작 의뢰서 수십 장이 쏟아져 나왔다. 샘플 만들 자재를 찾기 위해 동대문 종합시장을 헤매고 다녔다. 매일 밤 자정쯤이 되어서야 퇴근했다. 그 무렵 나는 원단 먼지 많은 환경 속에 지내면서 얼굴이 망가졌다. 화농성 여드름이 온 얼굴에 퍼졌다. 환경이 바뀌지 않으니 피부과를 다녀도 나아지지 않았다. 독한 약 때문에 위장도 망가졌다. 과연 내가 이곳에서 디자이너 일을 계속하는 게 옳은 선택일까? 앞으로 나의 인생을 위해서 좋은 선택이 무엇일지 고민했다.

현실 멘토를 찾을 수 없다면, 책에서 멘토를 찾아야

꿈이 없던 내가 뭔가를 해보고자 처음으로 의욕이 생겼던 일은 모델리스트가 되는 일이었다. 현업에 패턴 캐드가 보급되기도 전에 너무 일찍 배웠다. 시장 디자이너 일은 생각했던 것보다 만만치 않게 고된 일이었다. 고된 것까지도 괜찮았다. 내가 과연 이대로 성장한다면 어떤 모습이 될지 내 미래가 그려지지 않았다. 얼굴 피부는 망가져 버려서 얼굴을 들고 다닐 수 없는 지경이었다. 디자이너를 계속했다가는 사회생활을 못할 수도 있었다. 나는 선택해야 했다. 선배와 친구를 통해 패션 기획 MD라는 직업에 대해서 알았다. 숫자 만지는 일을 주로 하고 상품 기획하는 일이었다. 먼지 많은 환경에서 일하지 않아도 되는 업무였다. 재밌어 보였다. 대신 방향 전환을 위해서는 넘어서야 할 학력 장벽이 기다리고 있었다. 성취해보고 싶었던 모델리스트에 도전했지만 실패하고 디자이너도 할 수 없게 되었다. 나는 새로운 나의 인생 직업을 찾아서 도전해야 했다. 무모한 도전 같았던 일들은 지금의 나에게 소중한 경험과 자산으로 남았다. 방황하기보다는 새로운 나의 일을 찾아 나섰던 스물네 살의 용감한 내가 있었다. 젊은 날의 나에게 멘토가 있었다면 30년이 흐른 뒤 모습이 달라졌을까. 젊은 날 책에서 나에게 조언해 줄 멘토를 찾았더라면 더 좋았을 것을. 그 당시의 나에게 전하고 싶다.

4

철학자(쇼펜하우어와 발타자르 그라시안)의 말 이해하기

인간관계를 원활하게 하기에 필요한 태도는 무엇일까?

정재승 박사의 책 『열두 발자국』에 〈네이처〉 2005년 1월호에 타인의 얼굴에서 감정을 읽지 못하는 편도체 손상 환자 연구 사례를 담은 논문을 소개했다. 동양의 인기 있는 캐릭터 중 일본에서 나온 헬로키티 캐릭터가 있다. 일본의 헬로키티 캐릭터와 서양 캐릭터의 차이를 설명한다. 관계를 중요시하는 동양 문화에 사는 사람이라면 관심을 두고 읽어야 할 대목이다. 헬로키티는 입이 없는 캐릭터이다. 감정을 눈으로 표시한다. 우리나라도 카톡 메시지를 주고받을 때 눈으로 감정을 표현하는 문자 이

모티콘을 쓴다. 반면에 서양의 캐릭터는 캐릭터 자체의 특징에 집중한다 했다. 흥미로운 발견이었다. 그만큼 동양 문화가 상대의 감정에 관심이 많고 관계를 중요시한다는 의미 있는 이야기였다.

나는 상대의 감정에 관심이 없었다. 타인과의 관계를 잘하기 위해 노력하지 않았다. 의견이 다르다면 그건 그 사람의 선택이고 결정이라고 생각했다. 소통이 원활해야 인간관계를 원활하게 할 수 있는데 어릴 때부터 훈련하지 못했다. 상대의 감정이나 상황, 상태를 읽지 못했기에 다른 사람과 부딪치는 일은 특별한 일이 아니었다.

상대의 말을 경청하고 상대의 상황 파악이 먼저

2003년 5월. 내가 제3국 해외 생산 프로모션에서 디자이너로 근무할 때 일이다.

"컬러가 다르잖아요! 다시 내와요! 이 컬러가 내가 준 스와치랑 맞는다고 생각해요? " 바이어 디자인팀 김 팀장에게 배색 원단 색깔 확인을 받기 위해서 컬러 차트를 보여주자마자 들은 말이었다. 이번이 세 번째였다. 공장 생산 일정에 맞추려면 원부자재 컨펌을 그날 다 받아야 했다. 컨펌을 받지 못하면 자재 수출 일정에 차질이 생겼다. 가먼트 생산 수량 100장에서 300장짜리 오더 40여 모델을 해외 생산하는데 컬러를 정확하게 맞출 수 없는 노릇이었다. 왜냐면, 발주량 20y, 소량이었다. 소량 오더는 생산 최소수량에 걸려서 생산해 주는 공급처가 없기 때문이다. 동대문 종합시장에 나와 있는 현물 원단 중에서 최대한 유사한 컬러를 찾아서 바이어가 원하는 컬러에 가장 근접한 자재 컬러를 골라 사용해야 하는 속사정이 있었다. 소량 오더는 해외 생산 자체가 서비스였다. 그런 사정을 아는지 모르는지 김 팀장은 막무가내로 소리부터 질러댔다. 감정적으로 소리를 지르는 김 팀장에게 나도 같이 화를 냈다. 속에서 불덩이가 끓어 올라왔다. 오더 받아야 하는 '을' 처지로 볼 때 거래 중지될 사유였다. 바이어가 요구하는데 안 된다고 말하는 것은 금기어였다. 어쨌든 나는 '을' 디자이너 아니던가! 매번 컨펌을 받지 못하고 싫은 소리를 들을 때마다 수명이 줄어드는 느낌이었다. 참고 참다가 감정이 폭발했던 차였다. 영업하러 간 사람이 버럭 화를 내면 안 될 일이었다. 나는 도저히 영업은 못 하겠다 생각했다. 내가 바이어와 부딪치자 부서 팀장은 나를 영업 업무에서 빼고 테크니컬 디자인 업무로 돌렸다. 보통은 이런 경우, 팀장에게 보고하고 팀장이 바이어 디자이너와 소통한 후에는 컨펌됐다. 나는 궁금했다. 왜 내가 컨펌받으러 가면 컨펌이 안 되고 팀장이 연락하면 컨펌되는 걸까? 상황이 달라지지 않았는데도. 나의 소통 방식이 무엇이 문제일까. 그 답을 찾는 데는 오랜 시간이 걸렸다. 설득하지 못한 이유 중 하나는 디자이너에게 소량 해외 생산을 할 때 필요한 사항들을 설명해 주지 않았기 때문이었다. 나는 당연히 디자인팀장 정도 되면 아는 내용이라고 생각했다. 예상과 달리 상대는 지식과 경험이 부족했다.

2004년 4월에 현재 다니고 있는 회사로 이직했다. 야근은 이미 나에게 일상이었다. 내가 맡은 일에 대해서 끝까지 해내고야 말겠다는 결의를 다졌다. 신규사업 분야 업무를 하게 되었다. 보통 새로 꾸려지거나 시작하는 부서의 일은 기존 부서에서 하기 싫어하는 일인 경우가 많다. 나는 용병이었다. 신규 부서 일이라서 해야 할 업무 종류와 양이 물리적으로 많았다. 직원을 충원해 달라고 말할 수 있는 상황이 아니었다. 혼자서 1년 넘게 일했다. 철야를 밥 먹듯이 하면서 성과에 집착했다. 나는 회사에 없던 임가공 생산 시스템을 만들기 위해서 채용됐다. 회사는 직원 한 명 뽑아서 일이 될 거라고 기대하지 않는 분위기였다. 완사입 생산 시스템만 있던 회사에 임가공 생산 시스템을 만들려니 넘어서야 할 벽이 많았다. 협력 부서에서 협조를 받아서 생산해야 하는데 협력 부서에서는 도와줄 생각이 없었다. 왜냐면 일이 많아지고 힘들어지기 때문이었다. 나는 정신승리자처럼 도전했다. 물불 가리지 않고 목표를 달성하기 위해 일에 매진했다. 기존에 없던 시스템이나 프로세스를 만드는 일은 설득과 협력이 필요한 과정이었다. 대인관계 능력이 떨어지는 나에게는 넘어서야 할 큰 산이었다.

나는 왜 상대에게 나의 주장을 설득하지 못하고, 변화해야만 하는 이유와 당위성을 설명하지 못했을까. 의사소통이 어려운 이유 몇 가지가 있었다.

첫 번째, 상대가 나와 같은 정보와 지식을 갖고 있을 거라 당연하게 생각했기 때문이다. 업무 지식과 정보는 보통 경험을 통해서 배우게 되는데 상대의 과거 경험이나 상황을 모른다면 먼저 상대의 정보 수준을 가늠하는 노력을 해야 한다. 나는 대학 전공도 의상디자인, 대학원도 의상디자인 마케팅 전공 미술학 석사학위를 받았다. 패션 일만 27년째하고 있다. 같은 회사에서 19년째 일하고 있기까지 하다. 대학 전공부터 한 우물만 깊게 파다 보니 상대도 당연히 인지하고 있다고 생각하는 경우가 빈번하다는 것도 뒤늦게 깨달았다.

두 번째, 서로 다른 가치관, 목표, 욕구 등이 원인이 되어 갈등이 생길 수 있다. 각자가 생각하는 기대와 현실이 불일치할 때 무거운 소통이 발생할 수 있다. 서로의 관점과 사안에 대한 이해의 폭과 깊이가 달라서 생기는 동상이몽인 경우다. 목표와 관심이 다르니 소통이 어려웠다. 그렇다 할지라도 내가 상대를 이해하려 노력했다면 미숙하게 막무가내로 부딪치는 실수는 하지 않았을 수도 있다. 특히 업무적으로 연결된 타인과의 관계라면 감정을 건드리지 않으면서 상대가 나와의 대화를 좋아할 수 있는 분위기를 유도하는 게 중요하다.

세 번째, 감정 통제가 어려워 분노 조절을 못 하게 되면 소통에 어려움을 겪는다. 분노, 슬픔, 불안, 걱정, 두려움 등의 부정적 감정이 적절히 다뤄지지 않으면 대인관계가 단절될 수 있다. 감정을 조절하고 자기 생각에 있어 주도적으로 중심을 잡는 것은 중요하다. 인간관계의 부정적 경험으로 상처나 배신으로 사람에 대한 믿음과 신뢰가 훼손된 경우가 생길 수 있다. 부정적 경험의 빈도가 여러 번이거나 강도가 강했다면 소통이 어려울 수 있다.

고마운 사람보다는 필요한 사람이 되라

독서와 글쓰기를 하면서 알았다. 인간관계의 소통이라는 것이 조직의 경우 이해관계라는 중요한 키가 숨어 있었다. 쇼펜하우어는 이해관계 때문에 다른 사람과 다툴 때 상대방을 논리로 설득하는 것은 불가능하다고 말한다. 상대방을 설득하려면 상대방의 이성이 아니라 이익이나 욕망에 호소해야 한다. '이런 식으로 타협하면 당신도 이익을 볼 수 있다'라는 식으로 상대방을 설득해야 한다. 이는 이성이 욕망에 대해서 독립적인 것이 아니라 욕망의 도구에 불과하기 때문이다. 발타자르 그라시안은 말했다. 고마운 사람보다는 필요한 사람이 되라고. 고마운 감정은 쉽게 잊히지만 필요한 사람은 찾아오게 되어 있다는 말이다. 어떻게 해야 의사소통을 잘할 수 있을까? 의사소통 방법이 모든 사람이나 모든 경우에 같을 수는 없다. 인간관계 상황과 처지에 따라서 달라진다. 개별적인 상황에서 소통의 어려움을 파악해야 한다. 소통의 어려움을 해결하기 위해서는 서로의 상황과 관점을 이해하고 대화를 시도하는 것이 바람직하다. 일할 때도 마찬가지다. 특히나 회사 조직이나 영업 현장에서 발생하는 소통은 주의하는 것이 좋다. 인간관계를 잘하는 사람은 사회적으로 성공할 가능성이 크고 그렇지 못한 사람은 조직에서 리더로 성장하기 어렵다. 독서 분야 중 수사학과 심리학 분야 책은 타인을 이해하고 나를 이해하는 데 도움이 되었다. 나와 타인을 설득하는 방법을 공부하면서 인간관계 첫 단추인 소통이 조금씩 수월해지고 있다.

독서와 글쓰기는 도끼다

"책이란 우리 안의 얼어붙은 바다를 부수기 위한
도끼여야만 한다."

프란츠 카프카

오른쪽 문이 닫히면 왼쪽 문이 열린다

이분법적 사고는 생각과 판단을 '옳거나 그르다'고 두 가지로 나눠서 생각하는 경향을 말한다. 이러한 사고의 특징은 모든 경험을 양극단 중 한 가지로 평가한다. 흑백논리가 여기에 해당한다. 성공하거나 실패하거나 둘 중 하나로 나눈다. 경험을 두고 다양한 관점으로 생각하지 않고 극단으로 생각한다. 인간의 뇌는 복잡하게 생각하기를 싫어한다. 뇌는 복잡한 경우의 수를 만들어서 결정하게 되면 뇌 사용 에너지가 많이 들어가게 되므로 단순하게 생각하려는 경향이 있다. 결정하기 손쉬운 흑백논리 사고는 좋거나 바쁘거나, 옳거나 그르거나, 희거나 검거나 중간도 없이 양극단으로 생각한다. 부정적인 결과를 얻게 되면 심하게 좌절하고 우울감에 빠질 수 있다. 자존감은 낮아지게 된다. 자기 보호를 위해서 공격성이 강해지기도 한다. 비생산적인 일에 에너지를 낭비하고 집중력을 잃게 된다.

2004년 9월, 혼자서 일하다 보니 택팩(Techical package의 줄임말) 만드는 일, 샘플 자재 챙기는 일, 샘플 투입하고 샘플실에 오더 정리해 주는 일, 패턴 검토하는 일, 품질관리 보는 일, 디자인팀과 부딪치면서 자재 컨펌 받는 일, 세금계산서 마감하는 일, 관세사, 세관 기관에 허가받는 업무 등 업무 방법을 혼자 찾아서 일해야 했다. 팀원이 없었다. 회사는 신규사업에 대해서 확신이 없었다. 동료 없이 1년 넘게 일했다. 도움 없이 일하다 보니 매일 철야였다. 주말에도 일하고 휴가를 사용할 생각조차 못했다. 경험 없었던 일은 여기저기 관계자에게 물어가면서 배웠다. 정부 기관 신고 업무를 해본 적 없었다. 통관 절차에 대해서도 몰라서 관세사에게 끈질기게 물어보고 배웠다. 무역 관련 지식을 익혔다. 실수도 했다. 회사 내에 도움을 요청할 만한 사람이 없었다. 사내에 내가 하는 일에 대해서 아는 사람이 없었다.

'제발, 컨테이너 열어주세요. 추가 자재 선적해야 해요!' 어떻게 해서든지 선적하지 못한 지퍼를 컨테이너에 선적해야만 했다. 컬러 컨펌이 늦어져서 창고 입고가 지연되었다. 이번 항차를 놓치면 추석 명절 지나서 부족 자재 선적을 할 수 있었다. 추석 이후 자재를 선적하면 겨울 상품 수입 선적이 늦어질 수밖에 없는 일정이었다. 관세사 회신은 어쩔 수 없다는 회신이었다. 이미 컨테이너 실(자물쇠)이 채워져 선사로 이동이 시작됐기 때문에 되돌릴 수 없다고 했다. 온 보드 사인을 주지 않았는데 창고에서 컨테이너 선적이 진행돼 벌어진 일이었다. 나는 선사 측에 직접 연락했다. 선사 측은 어이가 없다는 반응이었다. 감정만 소진했다. 자재를 컨테이너에 실을 수 없었다. 단둥항으로 출항 예정이던 배는 태풍 영향으로 3주간 인천항에 묶여버렸다. 마음만 조급했다. 세상 끝날 거처럼 펄펄 뛸 일이 아니었다. 한 달이나 뒤늦게 자재를 보낸 꼴이 되었다. 다행히 제품은 납기에 늦지 않게 들어왔다.

어느 사이엔가 나는 흰색 아니면 검은색이라는 사고방식이 굳어져 갔다. 인간관계를 원활하게 하는 게 어려웠다. 업무까지 빠듯한 일정을 맞춰야만 하는 일이다 보니 이분법적인 사고는 더 강해졌다. 업무적으로 부딪칠 때마다 부정적 감정은 커졌다. 사람과 대화로 해결하기보다 힘들더라도 혼자 처리하면 일을 더 빨리 처리할 수 있었다. 열심히 업무를 알려줬지만 업무 강도가 강하다 보니 신규 입사자는 오래 버티지 못했다. 사람과의 관계를 잘하기 위한 공부보다 일 잘하는 방법에 열중했다. 시간이 흘러 독서와 글쓰기를 하고서야 알았다. 일을 잘하려고 노력하기보다 인간관계를 잘하는 방법을 배우고 익혔다면 다르게 살 수도 있었을 것을.

유연성의 힘을 기르다

이분법적 사고 방식을 개선하는 데 효과적인 독서와 글쓰기 방법을 소개해 본다.

첫 번째, 독서 할 때 책에서 주장하는 바나 주제에 대해서 비판적으로 접근해 본다. 저자의 의도와 주장을 분석하고 다른 관점으로 생각해 보는 게 중요하다. 나의 선입견을 깨고, 다른 의견과 주장을 이해하며 비판적인 사고력을 키울 수 있다.

두 번째, 독서 할 때 나의 감정에 울림이 있거나 경험에 비추어 보았을 때 비슷한 경험이라 생각되면 저자의 지혜를 담아두고 적용해 본다. 일상에 적용하는 방법으로 독서 노트를 작성하면서 글쓰기를 하면서 생각을 정리할 수 있고 논리를 만들 수 있었다. 자신만의 사고 과정을 되새김질하면서 이분법적 사고를 유연한 사고로 전환할 수 있었다.

세 번째, 독서를 통해서 얻은 감동, 통찰과 아이디어를 활용해서 주제를 정해 글을 써본다. 한 가지 주제에 대해 양극화된 의견을 넘어선 중간지대를 찾아낼 수 있다. 중간이라는 좌표에서 글쓰기를 시도해 보면 다양한 사고를 경험하게 된다.

네 번째, 독서를 하면서 얻은 지식과 관점을 다른 사람들과 공유하고 토론하는 기회를 만들어 본다. 소규모 독서 모임이 도움이 된다. 독서 모임이 자칫 잘못하면 친목 성격이 되어 본래 목적에서 벗어나기 쉽다. 기준이 잡혀 있는 독서 모임에 합류하면 좋다.

다섯 번째, 다양한 관점과 의견을 접하는 노력이 필요하다. 다른 문화, 역사, 학문 분야 등의 다양한 주제의 책을 읽어보면 도움이 된다. 나는 교양서에 해당하는 책들을 읽었을 때 도움이 되었다. 책 마지막 부록에 도움받은 책들을 소개하도록 하겠다. 책을 통해 다양한 사고방식을 이해하고 생각을 확장했다.

　이분법적인 사고에 익숙하던 나는 독서와 글쓰기를 하면서 변화했다. 독서와 글쓰기로 내가 배운 소득은 나 자신을 이해하게 되었다는 사실이다. 사람들 간의 이해관계와 상황을 파악하기 위해서 사람을 관찰하는 데 시간을 투자했다. 사람들 사이에 나의 상황을 인식하는 게 중요했다. 관계 상황을 인식하는 훈련을 할수록 내 위치를 파악하는 데 도움이 되었다. 상황을 인식하고 사람의 심리와 행동 패턴을 파악하는 방법을 독서하면서 배웠다. 타인에 대한 공감에 앞서 나의 가치관과 중심을 잡는 것이 먼저이다. 인간관계를 잘하는 첫발은 자기 자신의 중심 잡기다. 그리고 난 후 타인과의 공감이다. 상황을 이해하지 못하면 다른 사람들의 이야기에 공감할 수 없다. 글쓰기는 생각과 감정을 탐색하고 정리할 수 있게 만들어주는 좋은 도구이다. 책 한 권 2만 원 이하의 가격으로 장차 미래의 억대 연봉자 의식과 태도를 갖추게 된다면 이보다 가성비 좋은 투자가 어디 있겠는가.

　독서와 글쓰기를 하면서 벼랑 끝에 선 듯한 느낌도 어느새 사라져갔다. 이분법적 사고와 멀어지는 중이다. 뭣보다 독서와 글쓰기를 하면서 사고력의 확장이 이루어지고 불안감, 걱정과 멀어지고 있다. 다른 사람들의 생각을 듣고 타인의 주장을 판단하는 힘이 생겼다. 글쓰기를 하면서 자신의 사고를 구조화하고 표현하는 능력을 길렀다. 다양한 관점을 포용하는 태도는 사고력으로 발전했다.

6

보물 지도와 나침반

"인생은 속도가 아니라 방향이다."

괴테

시작점에서는 1° 차이지만,
시간이 갈수록 벌어지는 레버리지 효과

인생의 목표를 정하는 20대 시절 진로에 대해 고민했다. 하고 싶은 일과 할 수 있는 일 사이에서 선택해야 했다. 내가 가고자 하는 길이 어렵고 힘들 터였지만 얻고자 하는 미래를 위해서 고통과 고난이 문제가 되지 않았다. 목표를 달성할 수 있을까. 의심하면서 해낼 수 있다는 자기 암시를 습관화하면서 도전했다. 정한 목표는 달성하려 최선을 다했다. 비록 그 길이 힘들고 시간이 오래 걸리더라도 옆도 뒤도 돌아보지 않고 밀고 나갔다. 방향을 정한 뒤로는 앞만 보고 달렸다.

정해진 대로 속도 내어 달리기만 하면 될 줄 알았다. 직장 다니는 내내 내가 정한 목표가 인생 전부인 줄 알고 이른 아침부터 늦은 밤까지 일만 했다. 꿈을 위해서 개인적인 시간을 포기했다. 방향이 중요하다는데, 인생 방향이란 무엇을 뜻하는 것일까? 어떤 삶을 추구하는지. 어떤 존재로 남고 싶은지. 어떤 사람들과 어떤 인생을 만들어 가고 싶은지. 이러한 모든 것이 삶의 방향을 결정하는 게 아닐까. 아쉽게도, 나는 이런 생각을 깊이 있게 하지 않았다. 하루는 길고 지루할 수 있지만 지난 20년은 짧게 느껴진다. 만약 시간 투자의 레버리지 효과를 알았더라면. 어디에 집중해서 시간 사용을 해야 하는지 독서를 하고서야 인식했다.

선택의 갈림길

1998년 6월, "지안아, 너 조교 해볼래?" 졸업생 상당수가 가고 싶어 하던 조교 자리였다.

학과장님으로부터 전화가 왔다. 나는 대학 생활 내내 학과 대표를 했다. 봉사하는 자리였다. 금전적으로 큰 이득 없는 자리였지만 열심히 했다. 나의 존재감을 인정받는 자리였다. 대학에 입학해서 과대표 일을 하기 전까지 나는 의기소침하고 나서기 싫어하는 조용한 성격이었다. 인간관계가 어려웠기에 다수와 어울리는 걸 피했다. 대표를 하면서 누군가 나의 도움으로 좋아하는 모습을 보니 신이 났다. 나는 프로세스를 정리하고 순서에 맞춰 일이 완성되어가는 과정이 재미있었다. 나는 대표 일을 하고부터 성실하고 책임감 강한 성격이 나의 장점이라는 걸 알았다. 맡은 일은 끝을 보았다. 나에 대한 긍정적인 평가를 해준 여러분 덕분에 조교 자리 기회가 나에게까지 왔다. 감사했다. 나라 전체가 IMF 위기로 술렁이던 시기였다. 단기 3년 조교. 당시 조교 제안은 나에게 행운이었다. 나라 경제가 엎어지다 보니 다니던 회사는 부도가 났다. 학교로 이직한다는 의미는 실무 경력을 포기한다는 의미였다. 그래도 MD가 되기 위해서 4년제 대학 졸업장이 필요했다. 4년제 대학 졸업장뿐만 아니라 석사학위를 받아야겠다고 생각했다. 화농성 여드름 피부 문제 때문에라도 계속 원단 만지는 일을 할 수 없었다. 나는 학교로 가서 학업을 마치기로 했다. 내가 졸업한 학교에서 3년간 조교 생활을 했다. 조교 생활하는 동안 학사 학위를 받고 석사과정 공부를 할 수 있었다. 스물아홉 살까지의 인생 계획을 세웠고 서른이 되기 전까지 석사학위를 받고자 했던 나는 목표를 달성했다. 현업에서 실무 경력을 쌓느냐, 학교에서 학위 받고 학교 경력을 쌓느냐 나에게 선택이 필요했다.

모든 선택의 중심에는 MD가 되고 싶다는 열망이 있었다. 오로지 한 가지 생각으로 도전했다. 석사학위를 받았을 때 내 나이는 스물아홉 살이었다. 학위만 받으면 MD가 될 줄 알았다. 천만의 말씀, 만만의 콩떡이었다. 이번엔 실무 경력은 짧고 가방끈이 긴 게 문제였다. 이미 동년배들은 실무에서 경력을 쌓아 선임급으로 승진했다. 가방끈 긴 초보 MD를 뽑아줄 곳은 단 한 곳도 없었다.

여러 가지 경우의 수를 생각하지 못했다. 다양한 관점으로 사고했다면 미래를 위한 좋은 선택과 결정을 했을 수 있을 거란 생각이다. 나침판을 손에 쥐고 방향을 살피면서 살았어야 했다. 나의 인생 시간 열차의 20대

열차 칸은 학력 쌓기를 목표 삼아 학업과 일을 병행하며 전력 질주하는 시기였다. 올라탄 열차에서 내릴 생각도 없었지만 하차할 수도 없었다. 한번 목표하는 일이 생기거나 옳다는 생각이 들면 웬만해서는 방향을 바꾸지 않았다. 설정한 목표를 두리번거리며 조정하고 수정했더라면 어땠을까 생각해 본다. 속도보다 방향이 더 중요한 이유는 우리가 원하는 목표를 달성하고 의미 있는 경험을 만들어 내기 위해 올바른 방향을 설정하고 그에 맞는 전략을 수립해야 하기 때문이다.

보물 지도만 있으면 뭐 하니?
보물이 어디 있는 줄 알고 찾아가겠어?

방향성이 중요한 이유 몇 가지가 있다.

첫 번째, 방향이 목표를 정하는 데 결정적 역할을 한다. 올바르고 좋은 방향을 선택하면 목표에 도달하기 위한 첫 번째 중요한 단계에 올라서게 된다. 바른 방향을 설정하지 않고 속도를 높여 질주하다 보면 그 결과가 내가 원했던 결과와 일치하지 않을 수도 있다.

두 번째, 효율성을 높여 준다. 올바른 방향을 선택한다는 것은 자원과 시간을 효율적으로 활용할 기회를 볼 수 있다는 것이다. 방향을 정한 후에는 그 방향으로 나아가기 위한 전략을 세울 수 있다. 전략을 세우고 흔들리지 않는 일관된 노력을 기울일 수 있다. 이렇게 하면 잘못된 방향으로 가는 데 낭비되는 시간과 에너지를 줄일 수 있다.

세 번째, 방향은 자신이 어떤 일에 참여하고 있는 이유와 목적을 결정한다. 올바른 방향을 향해 나아가면 자기만족과 의미 있는 경험을 느낄 수 있다. 속도만 추구하면 지루하거나 의미 없는 일에 매달리게 되는 경우가 많을 수 있다.

네 번째, 방향이 정해졌다 하더라도 필요에 따라 조정하고 수정할 수 있다. 아니다 싶은 방향으로 선택했다면 도중에 멈추거나 전략을 수정하여 더 나은 결과를 얻을 수 있다. 그러나 속도를 우선시하는 경우 이미 잘못된 방향으로 가는 상황에 빠져 버리면 수정하기 어려울 수 있다. 마치 달리는 열차에서 문을 열고 뛰어내릴 수 없는 것처럼.

나는 누구? 여긴 어디?

1년에 한 번씩만이라도 현재 나의 위치를 돌아보았다면 어땠을까. 앞만 바라보며 달리지 말고 잠시 멈춰서서 주변을 돌아보고 현재의 내 모습을 돌아봤다면 조금씩 목표 수정의 필요성을 느꼈을 것이다. 독서와 글쓰기를 하면서 나는 달리던 차를 멈추고 주변을 돌아보게 되었다. 시계만 들여다보며 살았던 과거는 보내고, 나침반을 손에 쥐기로 했다. 나의 인생 지도에서 내 위치를 파악해야 했다. 가족과 주변 사랑하는 이들과 일상의 소소한 즐거움을 나눈다. 잃어버린 꿈을 찾기 위한 노력을 지속한다. 방향이라는 단어를 떠올리는 순간, 내 삶이 어제보다 균형 잡힌 오늘이 되길 기대해 본다. 오늘 나는 어떤 문제를 해결해야 할지. 그리고 나의 어려움을 해결해 줄 책은 어떤 책일지 찾아보고 문제에 도움이 될 만한 책 30권을 골라 읽는다. 30권 정도 읽게 되면 주제에 대한 본질을 파악하게 되고 저자의 경험과 적용 방법, 식견을 배울 수 있다. 배움은 몰입도 있는 집중적인 시간 투자로 실질적인 문제 해결을 돕는다.

7

사막의 파수꾼 미어캣

"독서하는 사람은 비록 걱정이 있되,
뜻이 상하지 않는다."

순자

프로 걱정러

미어캣은 아프리카 사막의 파수꾼이라 불리는 동물이다. 작은 몸을 꼿꼿이 펴서 두 발로 선 다음 햇볕을 쬐며 무리 지어서 경계한다. 시력이 좋고 후각이 발달한 미어캣은 냄새만으로도 땅 깊은 곳에 있는 먹이를 찾아낼 수 있다. 동물의 왕국 다큐멘터리에서 미어캣을 보면서 나는 내 모습을 떠올렸다. 청소년기에 겪었던 집안 풍파는 평생을 살면서 트라우마였다. 그런 트라우마는 일상 속에서 작은 변화가 생길 때조차 불안에 떨게 했고, 걱정하는 모습으로 드러났다. 흡사 미어캣의 특징과 비슷했다. 미래에 대한 불확실성, 실패 가능성 등에 대해서 생각하면서 최악을 대비해야 한다. 긴장한 모습으로 고개를 빳빳이 들며 주변을 살폈다. 어디선가 난데없이 날아올 수도 있는 돌멩이를 맞을까 걱정했다. 뭔가 작은 변화에도 평온한 일상에 급격한 변화가 생길까 걱정했다. 불안하고 두려운 감정이 올라오면 격한 반응을 보였다.

삶은 다 그렇다. 걱정에도 계급이 있어서
우리는 가장 중요한 사실부터 걱정한다.
다리가 부러졌다면 두통은 별 걱정거리가 아니다.
침실에 불이 나는 문제에 비하면 코 고는 남편은 괴로운 것도 아니다.

앤드류 매튜스, 『마음 가는 대로 해라』

걱정과 두려움의 원인을 찾아

불확실한 미래는 두려웠다. 걱정과 불안은 나에게 경계를 설정하고 예기치 않은 상황에 대비할 수 있는 능력을 키워주었다. 이런 감정은 나를 위험에서 보호하고 예방조치를 할 수 있다. 나에게 행동을 취하도록 자극하는 자극제였다. 내가 달성하고자 하는 목표를 위해 더 나은 결과를 얻기 위해 가열 차게 노력했다. 걱정과 불안은 자신의 성장과 개인적인 변화를 끌어내기도 했다. 어려운 상황을 겪으면서 나는 자신을 극복하고 성장할 기회를 얻을 수 있었다. 하지만 걱정과 불안, 두려움이 점점 커져서 문제가 되었다. 심리 조절 능력을 키우지 못했다. 건강한 사고로 유익한 부분은 살리고 스트레스를 관리해야 했다. 독서와 글쓰기를 하기 전까지는 인생의 의미, 목적에 대해 생각해 본 적도 없었다. 안정적인 직장이 될 만한 회사에 취업해서 재밌어 보이는 일에 열정을 다 했다. 적당히 잘 살 수 있을 거 같아 보였다. 회사에서는 위험한 세상 밖을 경험하지 않고도 좋아하는 일을 할 수 있었다. 좋아하는 일을 하는데 돈까지 받으니 더할 나위 없이 좋았다. 평생을 내내 배우면서 살았다. 걱정, 불안, 두려운 감정이 무의식중에 박혀 있는 나 같은 사람이 쉬지 않고 도전할 수 있었던 이유가 뭘까? 나는 그 이유를 글을 쓰면서 알게 되었다. 안정감이었다. 흔들리지 않는 튼튼한 직장이 주는 안정감이 내게는 중요했다. 그런 의미에서 회사는 내게 안전한 공간이었다.

두려움과 불안을 떨쳐버리는 방법 "부딪혀 보는 거야"

걱정, 불안증 많은 나의 감정 습관의 부정적인 면만 있는 건 아니었다. 최악의 상황을 생각하고 항상 준비하는 태도로 일관했다. 젊어서 그랬는지 나는 회사 안에서의 도전을 두려워하지 않았다. 내 인생 목표에 돈이 없었기에 MD가 돼서 브랜드를 시작해서 브랜드가 성공하면 내 인생도 성공할 거라고 상상했다. 나만의 성공 방정식이었다. 나는 내 일을 사랑했다. 재밌었다. 밤을 새워가며 하는 일을 힘들다고 생각하기보다 내 안에 달란트를 발견해가는 느낌이었다. 누군가에게 인정받고 싶었던 욕구 대신 일의 성과를 통해서 성장을 경험했다. 열심히 일하다 보니 회사에서는 여러 가지 기회 부여를 받았다.

2004년 4월에 현재 다니는 회사로 이직해서 현재까지 19년째 근무하고 있다. 부서를 3년에서 4년에 한 번씩 이동했다. 새로운 직무로 이동하려고 했던 이유는 MD가 되고 싶었기 때문이다. MD가 될 수 있는 방향으로 경험과 경력을 쌓을 수 있는 부서로 이동을 끊임없이 희망했고 이동할 수 있었다. 2006년 7월, 인도 첸나이로 가는 출장길이었다. 아시아로만 출장 다니던 나에게도 인도 대륙으로 출장 갈 기회가 생겼다. 나와 디자이너 동미 주임, R&D팀 영선 주임. 3명의 여자는 인도로 향했다. 나는 그 당시 영어 회화 한마디 할 줄 몰랐다. 영어권 출장은 처음이었다. 동행했던 영선 주임은 캐나다에서 어릴 때부터 유학해서 영어를 잘했다. 나와 동미 주임은 영선 주임에게 의지했다. 인천 공항에서 인도 첸나이로 가는 직항 노선이 없었다. 환승을 해야 했기에 홍콩 공항에서 6시간 대기했다. 홍콩에서 인도 방갈로로 가는 비행기를 갈아타야 했다. 홍콩 공항 안은 사람들로 붐볐다. 대부분 식당은 만석이었다. 길바닥에 양반다리를 하고 앉아 있는 사람, 누워 있는 사람들, 지쳐 보이는 여행객들이 무수히 많았다. 항공기 연착이 이어졌다. 태국에서 폭탄테러가 일어났기 때문에 태국으로 들고나던 항공기가 결항 되거나 연착되었다는 소식이었다. 인도 대륙에 도착하지도 않았는데 홍콩에서 발이 묶였다. 당시만 해도 카카오 보이스톡이 없었다. 유선 전화 로밍서비스만 이용할 수 있었다. 국제통화료가 비싸서 전화 걸 생각지 못했다. 홍콩 공항에서 인도 방갈로로 가는 비행기에 몸을 실었다. 비행기는 이내 이륙했다. 하늘로 올라가서 아래를 보니 홍콩섬 밤의 도시 불빛이 반짝반짝 빛났다. 어느새 나는 잠이 들었다. 기내 안내 방송은 방갈로 착륙을 알렸다. 방갈로 공항에 도착했다. 공항은 규모가 작았다. 인도 로컬 느낌이 물씬 풍겼다. 첸나이로 가기 위해서 한 번 더 비행기를 갈아타야 했다. 방갈로에서 첸나이로 가는 비행기는 다음 날 타야 했다. 방갈로에서 한국인 시장이 운영하는 레지던스에 투숙했다. 날씨는 덥고 습하다 보니 가만히 있어도 땀이 줄줄 흘렀다. 한국인 사장님 덕분에 한국식 김치와 라면을 먹을 수 있었다. 방갈로에서의 컵라면은 꿀맛이었다. 동미주임이 한국에서 챙겨온 김치를 라면과 함께 나눠 먹었다. 유쾌한 성격의 동미 주임 덕분에 깔깔거리며 웃었던 기억이 생생하다. 다음 날 오전, 방갈로 공항으로 이동했다. 첸나이행 비행기 시간이 다 돼서 게이트로 들어갔다. 이동 버스가 기다리고 있었다. 버스를 타고 활주로로 이동했다. 버스에 같이 탄 승객들은 대부분 남자였다. 까무잡잡한 피부의 덩치가 큰 아리안족 남자와 키가 작은 드라비다족 등이 뒤섞여 있었다. 활주로 중간에서 버스는 멈췄다. 버스 문이 열리자 프로펠러가 양쪽에 크게 달린 비행기가 보였다. 우리 세 명이 비행기에 탑승하자 다른 승객들은 우리를 원숭이 보는 듯한 시선으로 쳐다봤다. 그들의 시선은 이동하는 우리를 따라 움직였다. 우리는 비행기 중간쯤에 나란히 앉았다. 땀 냄새와 인도 사람들 특유의 암내가 뒤섞여 풍겼다. 동양인은 우리 세 명뿐이었다. 키가 나보다 작은 드라비다족 남자들을 보고 인도에는 다양한 인종이 있다는 걸 알게 되었다. 인도 남부 지역 원주민들은 키가 작고 체격이 왜소했다. 비행기는 어느새 출발했다. 프로펠러 소리가 요란했다. 얼마나 비행했을까. 기체가 요란하게 흔들렸다. 큰 소음을 내며 기체가 마구 흔들렸다. 내 몸도 요동쳤다. 안전띠를 풀고 있는 상태였다. 안전띠를 묶으려 했지만 이미 늦었다. 기내 안내 방송이 반복해서 흘러나왔다. 안전띠를 매라는 방송

같았다. 갑자기 비행기가 뚝 떨어지는 느낌이 들었다. 순식간에 내 몸이 붕 떠올랐다. 안전띠를 풀고 있던 사람 몇몇이 나처럼 떠올랐다. 놀라서 소리도 지르지 못했다. 찰나의 순간이었다. 죽을 수도 있겠구나. 내 몸은 툭! 하고 의자에 떨어졌다. '엄마야!' 몇 분쯤 흐르자 사람들이 웅성거리던 소리도 잦아들었다. 기체가 안정을 찾자, 내 두 눈에서 눈물이 픽 흘렀다. 안도의 눈물이었다. 심장은 쿵쾅거렸다. 이날 비행 이후로 나는 비행기에서 안전띠를 풀지 않는다. 해외 출장은 낯선 곳에 있게 되는 상황이다. 여행사 가이드가 있는 것도 아니고 현지에서의 일은 스스로 해결해야만 한다. 처음 해외 출장을 다닐 때 두려웠지만 어느새 나는 낯선 환경에서 적응하는 방법을 배우고 있었다. 두려움의 현장에서 현실적인 문제를 해결하는 방법을 배웠다.

8

책 읽기로 알게 된 닭 머리 사랑

"부모란 하나의 중요한 직업이다.
그렇지만 여태까지 자식을 위해
이 직업의 적성 검사가 행해진 적은 없다."

버나드 쇼

아버지를 이해하는 것은 가족 관계를 발전시키고 단단하게 하는데 중요한 요소이다. 엄마와 달리 아버지는 거리감 있는 존재였다. 아버지가 하는 말을 듣고 싶지 않았다. 감정을 나누고 싶지도 않았고 공감할 생각도 없었다. 아버지도 사업에 실패하고 경제적으로 어려워지면서 스트레스 상황이었을 텐데 가장이라는 무게감을 겉으로 표현하지 않았다. 실패하고 싶어서 실패한 게 아니었다는 걸 이제는 이해한다. 나는 가족을 고생시킨 아버지를 미워했다. 아버지는 40대 후반에서야 무모한 사업을 멈췄다. IMF가 모든 걸 멈추게 했다.

손을 잡아

2018년 9월 30일 국경절 연휴가 시작하기 하루 전날이었다. 중국 상해에서 주재원 근무할 때이다.

10월 국경절 연휴 기간에 한국에 있는 부모님과 오빠 가족들이 상해로 가족 여행을 오기로 했다. 년 초에 항공권과 여행사에 상해와 항저우 여행 상품을 계약했다. 한 달 전, 아버지가 척추병원에 입원했다는 소식에 상해 가족 여행은 취소한 상태였다. 연휴가 다가온 시점이라서 홀로 국경절을 상해에서 보내기로 했다. "무슨 소리야?! 나랑 지난주 통화할 때만 해도 곧 퇴원할 수 있다고 했잖아? 별거 아니라며!?" 아버지가 강남세브란스 병원 응급실로 긴급 이송됐다는 엄마 전화였다. 엄마는 아버지가 3일 뒤에 심장 수술을 받는다고 말했다. 연초 종합검진했을 때만 해도 문제없었다. 아버지는 평소 감기 한 번 걸리지 않는 건강 체질이었다. 걱정 많은 내가 알면 염려할까 봐 엄마는 말하지 못했다. 아버지는 석 달 전부터 허리가 안 좋아 병원을 오가다가 한 달 전에 척추병원에 입원했다.

몇 달 전까지만 해도 상해 가족 여행 갈 거라고 좋아하던 아버지가 갑자기 응급 심장 수술을 받아야 한다는 걸 나는 믿을 수 없었다. 허리가 안 좋아서 척추병원에 입원한다고 했을 때만 해도 디스크 같은 병인 줄 알고 입원해서 물리치료 하면 곧 나을 줄 알았다. 척추병원에서는 할 수 있는 치료 방법이 없어서 큰 병원으로 이송해야 했다. 뒤늦게 강남세브란스 병원으로 응급 이송시켰다. 아버지가 죽을지도 모른다니 엄마와 전화 통화를 하는데 손이 떨려서 전화기를 놓칠 뻔했다. 아버지에게 내가 이렇게 애정이 깊었었나? 하염없이 눈물이 멈추지 않았다. 정신을 차리고 나는 한국으로 가는 항공권을 알아보았다. 이미 국경절 연휴 하루 전날이었다. 어디서 한국 가는 항공권을 구하나? 국경절 연휴 시작이라서 항공사마다 당일 한국행 항공권을 구하기 어려웠다. 다른 때도 아니고 국경절 연휴라서 항공사마다 만석이었다. 씨트립, 여러 항공사, 여행사 등 한국으로 들어가는 항공권을 구할 수 있을 만한 곳은 모두 뒤졌다. 당장 한국행 항공권을 구할 방법이 없었다. 생각 끝에 한족 직원인 쯔엉에게 부탁했다. 씨트립에 근무하는 중국인 지인이 있는 쯔엉을 통해서 한국행 항공권을 구할 수 있었다. 이틀 뒤 새벽 5시 상해 홍차오 공항 출발 인천행 아시아나 비행기 한 좌석을 웃돈 두 배를 주고 구할 수 있었다. 아버지가 수술실에 들어가시기 전에 꼭 얼굴 봐야 한다고 다짐했다. 한국 도착 시각 새벽 6시 30분 인천 공항에 도착했다. 한국의 늦가을 새벽 공기는 차가웠다. 내리자마자 나는 아버지가 입원한 강남세브란스 병원으로 직행했다. 병원에 도착해서 엄마와 오빠, 새언니를 만났다. 아버지는 중환자실에 입원해 있었다. 중환자실 환자 면담 시간은 하루 두 번만 허락됐다. 오로지 면회는 두 명만 들어갈 수 있었다. 오빠와 내가 들어갔다. 중환자실 앞에는 면회를 기다리는 사람들이 많았다. 마스크를 쓰고 양 손바닥에 세정제를 묻혀 손을 비벼 소독했다. 비닐 옷을 입고 비닐장갑을 껴야만 입장할 수 있었다. 처음 가본 중환자실이었다. SF 영화에서나 볼 법한 광경이었다. 중환자실 안에는 빼곡하게 침대가 놓여 있었다. 누워 있는 환자 대부분이 노인이었다. 한 사람 한 사람마다 셀 수 없을 정도로 많은 수의 호수로 연결된 액체 주머니를 달고 있었다. 침대 위의 사람들은 의식이 없는 것만 같았다. 이런 곳이 중환자실이구나, 이곳에 지금 아버지가 있다. 젊은 간호사는 넓은 중환자실의 수많은 침대를 지나 마지막 끝 방 유리문으로 된 독립된 방으로 나와 오빠를 데리고 갔다. 집중 치료실이라고 쓰여 있는 유리문 앞에 섰다. 자동문 버튼을 누르자 문이 열렸다. 내 아버지. 아버지가 맞나? 뼈만 앙상하게 남은 초라한 노인만이 보였다. 아우슈비츠 수용소 사진 속 수용자 같았다. 아버지 체중은 30㎏ 이상 빠진 상태였다. 의사는 급성 바이러스 감염으로 대동맥 판막에 문제가 생겨 좌심실로 피의 역류를 일으키고 좌심방과 좌심실 사이 승모판막이 급속하게 손상되었다고 했다. 나는 마음속으로 다짐했다. '울면 안 된다! 절대 울면 안 된다!' 이미 눈물이 줄줄 흐르고 있었다. 아버지는 나를 알아보지 못했다. 나는 아버지 손을 잡았다. "아빠!" 아버지 손에 기운이 없었다. 아버지는 내 목소리를 알아들었는지 감은 눈을 간신히 뜨며 나지막한 목소리로 말했다. 빙그레 웃었다. "어떻게 왔냐? 비행기표 없어서 못 온다더니." 아버지의 목소리는 작았지만 나를 기다리고 있었다는 걸 이내 알 수 있었다. 눈을 뜰 수 없을 정도로 눈물이 멈추지 않았다. 아버지는 말했다. "너 못 보고 가는 줄 알았다." 나는 생각했다. '아빠에게 삶의 의지가 생기도록 해야 한다!'

나와 가까워지려고 아버지가 무던히도 노력했던 걸 나는 알고 있다. 애써 외면했었다. 나는 고등학교, 대학교, 대학원 졸업식과 학위수여식에 참석하고 싶어 하는 아버지를 학교에 못 오게 했다. 소중한 순간을 함께하고 싶지 않았다. 지난 그 순간이 후회됐다. 내가 어른이 된 이후 처음으로 나는 아버지에게 말했다. "아빠! 사랑해! 아빠 강한 사람 이자나. 아빠 살 수 있어! 포기하면 안 돼! 죽긴 왜 죽어요. 아빠 살 수 있어! 수술 잘 될 거야." 나의 이 말에 아버지는 내 손을 꼭 쥐었다. 그 순간 나는 느낄 수 있었다. 우리 아버지 사시겠구나! 수술 시간은 예정했던 5시간을 훌쩍 넘겼다. 아버지가 수술장으로 들어간 후 6시간이 지나서야 아버지를 수술한 집도의가 나왔다. "수술은 깨끗하게 잘 됐습니다. 양쪽 판막 모두 교체했으니 예후만 좋기를 바라야쇼." 담백하게 몇 마디를 남기고 수술 집도의 교수님은 자리를 떠났다.

나는 아버지와 친하지 않았다. 아버지는 항상 내게 멀고도 먼 존재였다. 아버지가 내게 말을 걸면 퉁명스럽게 대답하곤 했다. 사업 실패로 가족들을 고생시킨 아버지가 미웠다. 아버지 본인도 사업 실패로 실망하고 좌절했을 것이다. 장손으로 집안 재산을 탕진했다는 손가락질도 감당했을 터다. 아버지가 죽을 수도 있다 생각하니 지난 시간이 후회됐다. 아버지가 수술한 건 내가 독서를 시작한 지 1년쯤 지났을 때다. 책을 읽고 나는 조금씩 세상 이치를 배워가고 있었다. 가족 간의 유대감과 연대감이 노인에게 삶을 연장하는 힘이 된다는 걸 책을 읽고 알게 됐다. 독서를 하지 않았다면 몰랐을 거다.

사랑이라는 이름, 가족

하늘이 도와 그날의 수술은 예후가 좋았다. 5년이 지났다.

2023년 5월, 아버지에게 나는 전화했다. 어버이날 선물 뭐 받고 싶은지 물었다. 아버지는 말했다.

"에이 뭐 선물이냐. 너 건강하기만 하면 되지. 근데 그 뭐냐. 살 수 있으면 닭 머리 로고 있는 브랜드 운동복 하나 있으면 잘 입겠더라. 살이 빠져서 옷이 다 크다." 나는 르꼬끄 브랜드 운동복을 의미하는지 이내 알아챘다. 아버지는 수술 이후 체중이 늘어나긴 했지만, 심장 수술 이전으로 돌아가지 않는다. 어버이날 선물은 아버지가 원하는 대로 닭 머리 로고 운동복을 사드렸다. 요즘에서야 장난치기 좋아하는 아버지 성격을 발견하곤 한다. 아이처럼 좋아하는 아버지 모습을 보면서 아버지와 장난치는 사이가 되었다. 아버지에게 수시로 사랑한다고 말한다. 전화를 끊으며 나는 말한다.

"알라뷰! 아빠!" 그러면 아버지도 장단 맞춰 "그래, 우리 지안이 사랑해!"라고.

손발이 오그라들지만, 행복한 웃음이 새어 나오는 순간이다.

제 2 장

일상을 바꾸는 독서와 글쓰기 습관

①

귀를 열고 길을 찾다

"인간에게 가장 필요한 능력은
친구를 만드는 능력이다."

데일 카네기

몰랐던 사실을 깨닫게 해주는 독서는 나에게 멘토이다. 상대의 감정 파악에 도움 된 책은 사회학, 심리학 관련 책이 도움이 되었다. 사회과학 분야 책은 사회현상과 인간 행동을 관찰해야 하는 이유를 알게 했다. 인간 행동을 연구한 인지 심리학, 행동 경제학 등 책을 읽고 이해가 되었다. 사회문제, 인간관계, 사회적 현상 등을 탐구하는 도서는 나에게 부족한 소통 방법에 대한 지식을 전해주었다. 대화법을 달리하면서 인간관계도 점점 원활해져 갔다. 이전에 생각지도 못했던 관점으로 생각하는 계기가 되었다.

말 끊지 말고 들어

2008년 12월, 외환위기로 회사 조직이 크게 바뀌었다. 윤 실장님이 바뀐 프로세스를 설명해 주는 자리였다. "너는 사람 말하는데 똑똑 끊어먹니! 다른 사람이 말을 하면 좀 들어봐! 쯧!" 미간을 찡그리며 못마땅해하던 윤 실장님 모습이 역력하다. 나는 핀잔을 듣고 나서야 말을 멈췄다. 속으로 생각했다. '일이 많아서 매일 밤샘하고 있는데 짧게 결론만 전달해 주면 되지 뭐가 이렇게 설명이 길까?' 행동 지침만 알고 싶었다. 과정이 어찌 됐든 원하는 대로 하면 되는 거 아냐?! 라고 생각했다. 상대의 감정을 상하게 했다는 걸 몰랐다. 나는 왜 실장님이 그렇게 성을 내는지 이해가 안 됐다. 내가 뭘 잘못했지? 이미 실장님은 답을 주었다. 내가 실장님이 설명하고 있는데 중간에 끼어들면서 말을 끊었기 때문이다. 잘못을 지적받고도 잘못인 줄 몰랐던 문제가 크다. 그 당시 나는 마음먹었다. 사람들과 소통 못 하는 거 잘하려고 노력하지 말고 내가 할 수 있는 일을 잘하자는 생각이었다. 대화 방법이 잘못됐다는 생각을 못 했다. 뭐가 잘못됐는지 모르는데 어떻게 고칠 수 있었겠는가.

직장생활에서 가장 힘들었던 건 사람들과의 대화 소통이었다. 충분히 좋은 말로 서로의 의견을 나누고 소통할 수 있었을 텐데 그걸 못 했다. 나는 상대 말이 끝나지도 않았는데 중간에 끼어들었다. 알고 있는 내용을 다시 설명하는 게 불필요했다. 효율적으로 일하면 되지 굳이 내가 저 말을 다 들어야 하나 싶었다. 그런 나의 태도를 보면서 상대방은 본인의 이야기와 의견에 대해서 존중과 배려가 부족하다고 느꼈을 터다. 내가 아무리 그런 의도가 아니었다고 해도 상대방 입장으로 생각하면 무시당

했다거나 중요하게 여기지 않는다는 인상을 받았을 수 있다.

말을 끊는 행동은 상대의 감정을 상하게 한다. 상황 파악을 방해하고 상대가 완전히 표현할 기회를 막는 결과를 초래한다. 이는 의사소통의 원활한 흐름을 방해해서 대화의 목적을 달성하기 어렵게 만들었다. 불필요하게 상대와의 관계에 갈등을 유발하고 긴장시킨다. 상대는 본인의 뜻을 제대로 전달하지 못했다고 불편하게 생각했을 거다. 대화하는 상대의 감정을 상하게 하는 태도였다. 상대방이 말을 할 때는 충분히 듣고 판단해도 늦지 않는데도 그걸 못했다. 조급한 생각이 한몫했다. 급한 일도 없는데 쫓기는 듯 생각했다. 일을 빨리 해치워야 한다는 생각이 있었다.

듣기 잘하는 방법

다른 사람이 말할 때 끝까지 듣는 습관을 만들기 방법은 이렇다.

첫 번째, 상대의 말에 귀 기울이고 있다는 표현으로 고개를 끄덕이거나 이해한다는 대답을 하면 좋다. 시선과 자세, 태도로 내가 상대의 말에 귀 기울이고 있다고 알린다. 다른 사람이 이야기할 때는 상대 생각이나 간섭을 최소화하고 상대가 생각할 수 있도록 시간과 공간을 주면 좋다.

두 번째, 대화할 때 상대방의 의견과 이야기를 이해하려는 의지를 갖고 들으면 도움이 된다. 말이 길어지거나 흐름이 느린 경우에는 서두르지 말고 인내심을 가지고 듣는다. 상대방이 본인의 의견이나 주장을 완전히 표현할 수 있도록 기회를 준다. 끝까지 듣고 말하는 상대방의 관점을 이해하려는 노력이 필요하다.

세 번째, 상대의 이야기를 듣고 질문하는 습관은 좋은 습관이다. 이해가 되지 않거나 다른 관점과 의견이 있으면 자연스럽게 질문을 통해서 표현해 본다. 질문을 통해서 상대의 의중과 관점을 파악할 수 있다. 그렇게 하면 상대는 질문에 대한 본인의 의견과 생각을 피드백해 줄 수 있다. 듣고 질문하는 과정을 통해서 소통하는 상호작용을 하게 된다. 서로를 이해하는 데 좋다.

네 번째, 대화하는 데는 연습이 필요하다. 단숨에 변화하지 않는다. 말을 끊지 않고 끝까지 듣는 습관을 만들기 위해서는 자신에게 지속적인 동기부여와 의지가 필요하다. 지속적인 연습과 반복을 통해서 습관을 형성할 수 있다.

다섯 번째, 상대방의 감정을 공감하고 수용하는 게 중요하다. 이해심을 표현해 보는 것도 좋다. 이는 상대방이 더욱 편안하게 이야기할 수 있도록 도와줄 수 있다.

『인간관계론』 베스트셀러의 가르침

데일 카네기 『인간관계론』 책을 읽어보면 인간관계를 잘하기 위해서 선행해야 할 중요한 지침을 알려준다. 비판하지 말라. 인정하고 칭찬하라. 상대를 존중하라. 경청하라. 등 인간관계에 필요한 중요한 사항들을 알려준다. 상대의 기분을 상하게 하거나, 적개심을 불러일으키지 않으며 상대와 대화하는 방법 아홉 가지 소개한다. 나는 알게 되었다. 하지 말라는 건 다 하고 살았구나.

첫째, 칭찬과 진심에서 우러나온 감사로 대화를 시작하라.

둘째, 사람들의 잘못을 간접적으로 지적하라.

셋째, 다른 사람을 비판하기 전에 자신의 실수부터 이야기해라.

넷째, 직접 명령을 내리기보다는 질문을 하라.

다섯째, 다른 사람의 체면을 세워 주어라.

여섯째, 약간의 발전만 있어도 칭찬하고, 발전이 있을 때마다 칭찬하라. "진심으로 인정하고 칭찬을 아끼지 말라."

일곱째, 기꺼이 부응할 만한 평판을 부여하라.

여덟째, 격려하라. 고쳐 주고 싶은 잘못은 고치기 쉬운 잘못처럼 보이게 하라. 다른 사람이 해주었으면 하는 일은 쉬운 일처럼 보이게 만들어라.

아홉째, 당신이 제안하는 바를 다른 사람이 즐겁게 행하도록 만들어라.

상대가 원하는 게 뭔지 알아채기 위해서는 인내가 필요했다. 사람에 따라 다르지만 나는 적잖은 시간과 인내의 노력이 필요했다. 상대의 말이 길어지면 속으로 생각한다. 꼬리에 꼬리를 무는 대화법처럼 상대가 하는 말을 들으면서 다음 이야기를 추측해 보았다. 의외로 내 추측과 다른 말이 이어지는 경우가 많았다. 한국 사람 말은 끝까지 들으라고 하는 이유를 알게 됐다. 내가 예상했던 것과는 다른 방향으로 이야기가 흘러가는데 중간에 엉뚱한 방향의 추임새라도 하게 되면 처음부터 얘기를 시작하는 난감한 상황이 벌어지기도 한다. 듣는 연습을 하면서 다음에 내가 할 말을 준비하는 습관을 멈췄다. 상대가 하는 말을 듣기에 집중하다 보니 내가 할 말은 자연스럽게 무의미해졌다. 듣기를 잘하는 사람은 인간관계를 형성하는 데 유리하다.

②

잔뚜루마뚜루 7가지 문제 해결법

"비판적 사고를 기르는 가장 좋은 방법은
글을 쓰는 것이다."

조던 피터슨

너의 생각은? 판단은? 그리고 선택은?

맹목적인 추종인 줄 모르고 목표만 바라보고 달렸었다. 불확실성과 불안에서 벗어나는데 안정성을 찾기 위해서는 강력한 리더와 조직에 의존하면 되는 줄 알았다. 다른 사람이나 조직의 리더에게 의존하고 리더의가치, 믿음, 목표 등을 복사해서 행동으로 옮겼다. 조직의 동일성을 따라가는 행동은 심리적인 결속력을 형성하고 조직과 나의 동일성을 유지한다고 생각했다. 현실적으로 복잡한 상황에서 생각은 필요치 않았다. 리더의 지침을 따라가기만 하면 좋은 결과를 얻을 수 있다는 믿음은 생각을 단순화했다. 강력한 리더를 따라간다면 사회적 지위나 영광을 얻을 수 있을 거라 믿었다. 나 자신을 위해서 안정감과 안전성을 찾는 것은 중요했다. 조직과 타인의 목표와 목적만이 있었을 뿐이다.

잔 다르크는 영웅이었을까?

　2009년 8월, 외환위기로 환율은 요동쳤다. 조직에는 큰 변화가 생겼다. 발주 권한 주체 부서가 바뀌게 되었다. "누구 맘대로 발주서를 반려시키니? 내가 결재해서 보낸 발주서대로 발주해!"라고 강 실장님은 전화로 말했다. "제 개인의 이익을 위한 지침이 아닙니다. 실장님이 양해해 주세요." 나는 물러서지 않았다. 조직이 바뀐 이후로 여러 부서와 실랑이가 잦았다. 나는 바뀐 조직에서 실무 담당 소싱 MD였다. 옳고 그른 판단에 의한 기준이 아니라 회사 지침에 따르는 방침이라고 생각했다. 회사가 외환위기의 어려운 상황을 극복할 수 있는 길이라 믿었다. 본부 조직 내 결속력은 나에게 안정감을 주었다. 조직 내에서 안정감은 생겼을지 모르지만 타 부서 사람들과 인사조차 하지 않는 불편한 관계가 되었다. 사람들은 나를 잔 다르크라고 불렀다. 물불 가리지 않고 맹목적으로 주어진 목표를 따라가는 폭주 기관차 같다고 했다. 회사 내 인간관계로써는 화형 된 잔 다르크처럼 나는 타 부서와의 관계에서 사형당한 거나 마찬가지였다.
　잔 다르크는 프랑스의 구국 영웅이자 가톨릭, 성공회 성인이다. 평민 출신으로 잉글랜드 왕국과의 백년전쟁(1337~1453) 말기에 오를레앙 전투에서 승전하여 전세를 유리하게 역전시킨 영웅이다. 그녀의 기적적인 활약으로 인해 결국 프랑스가 백년전쟁에서 이기고, 잉글랜드를 대륙에서 축출하는 데 크게 이바지하였다. 17세의 평범한 문맹 시골 소녀가 갑자기 하나님의 부르심을 받았다며 프랑스 왕실에 나타나 프랑스 왕국의 총사령관이 되었고, 반년 넘게 계속된 오를레앙 전역을 열흘 만에 승리로 이끌고, 영국 최고의 명장 존 탈보트를 포로로 잡더니(파테 전투) 역사에 길이 남을 우회 대기동을 성공시켜 랭스를 함락시키고, 샤를 7세를 대관식에 올려 백년전쟁의 승패를 결정지었다. 그러나 잔 다르크 자신은 잉글랜드군에 사로잡혔고 정치적인 이유로 인해 조국 프랑스로부터 구명도 받지 못했으며, 편파적인 종교재판을 받고 화형되었다. 그녀는 사후 프랑스 애국주의의 상징이 되었으며 종교적으로도 시복, 시성 되어 그 명예가 회복되었다.

　나의 목표지향적인 태도가 주변 사람들을 힘들게 할 수는 있겠지만 그 길이 옳다 여겼다. 영웅주의에 젖었던 게 아니었다. 내 판단이 아니라 조직과 리더의 판단을 따라가다 보니 내 생각이라고 착각했다. 자신의 판단을 제한하고, 조직이나 리더의 의견에 절대적으로 의존했다. 이렇게 해서 개인적인 사고와 독립적인 결정 능력은 개발되지 않고 퇴보했다. 맹목적인 추종으로 극단적인 태도를 보이기도 하고 나 개인의 이익을 희생하는 행동으로 나타나기도 했다. 습관화되다 보니 타인의 영향에 무감각해져 버리기도 했다. 조직과 리더의 지침에 따라 행동해서 다른 조직이나 개인과 갈등이 생겼다. 다른 사람과 마찰이 생겨서 단절감을 느꼈다. 이로 인해 나 스스로에 대한 자아 식별을 잃고 나의 신념과 연결된 타인과의 관계에서 감정적인 외로움을 경험했다.

맹목적으로 따르는 목표지향적인 관점을 고쳐야 할 필요성을 느꼈다. 습관을 바꾸기로 했다. 고정관념과 편협한 생각의 전환이 필요했다. 그 방법은 다음과 같다.

첫 번째, 사안에 대해 의문을 가지고 사고했다. 주어진 정보에 대해 의문을 가지고 분석하고 질문을 던지는 습관을 만들었다. 어떻게 해서 그런 결론에 도달했을까? 왜 그런 생각을 하게 되었을까? 어떤 근거가 있는 걸까? 육하원칙에 따르는 질문을 만들어 보면서 자신에게 질문하기도 하고 지침에 대한 의문을 가졌다.

두 번째, 다양한 의견에 노출했다. 다른 사람들과의 대화, 토론, 토의 등을 통해서 다양한 의견과 관점을 들어보려고 했다. 서로 다른 사람들과 의견을 공유하고 존중하는 환경에서 자주 소통하는 습관을 만들었다. 그렇게 해서 사전에 고려하지 못했던 다양한 관점의 의견을 수렴할 수 있었다.

세 번째, 해당 분야의 책, 논문, 뉴스 기사, 온라인 SNS에서 다양하게 자료를 찾아 활용하였다. 각기 다른 출처의 자료와 자원을 활용해서 여러 관점의 의견을 접할 수 있었다.

네 번째, 자기 성찰과 반성을 통해 나의 편견과 선입견에 대해서 인식하고 개선하기 위해 노력했다. 나의 사고 과정을 돌이켜보고, 논리적 결함이나 편향된 사고 패턴을 개선하려 노력했다. 글쓰기는 확인 과정이었다.

다섯 번째, 일상적인 문제 해결이나 의사결정 과정에서 비판적 사고를 적용했다. 다양한 관점과 가능한 해결책을 고려하고, 잠재적인 편향이나 논리적 결함을 찾아내는 노력을 기울였다. 독서만큼 나의 편향적인 성향을 발견하게 하는데 좋은 도구는 없었다. 도움받은 책은 부록에 남기도록 하겠다.

여섯 번째, 다양한 문화 배경과 경험을 가진 사람들과 교류하며 다양성을 존중하는 습관을 만들었다. 다양한 의견과 관점을 탐색하고 받아들이는 자세를 갖추는 건 열린 자세를 갖도록 도움을 주었다.

일곱 번째, 비판적인 사고와 다양한 관점을 키우는 데에는 지속적인 학습과 자기 계발이 필요했다. 독서, 강의, 온라인 교육에 참여하면서 새로운 지식과 관점을 습득하고 나만의 사고를 발전시키는 습관을 만들기 위해서 노력했다.

이러한 방법들을 조합해서 비판적 사고와 다양한 관점을 키우는 습관을 만들기 위해서 노력 중이다. 일관된 노력과 연습을 통해 이러한 습관을 자연스럽게 일상적인 일처럼 수행할 수 있게 되기를 기대한다.

독서와 글쓰기를 하면서 나의 맹목적인 추종의 이유를 되짚어 보았고 깊이 사고하고 행동하지 않은 부분에 대해서 반성했다. 비판적인 사고와 다양한 관점을 갖는 것이 필요하다는 걸 알게 되었다. 독서와 글쓰기를 하면서 인식하게 되었고 문제 해결을 위한 방법을 찾고 나의 일상에 적용하고 실행했다. 그러나, 변화는 단숨에 일어나지 않았다.

멈추면 보이는 것을

"하기 싫은 작은 일들부터 훈련하다 보면
어느새 자신이 원했던 큰일을 하며 살 수 있다."

앤드류 매튜스, 『마음 가는 대로 해라』

일 말고 다른 세상이 있었나?

일만 생각하고 살았다. 일 이외에 다른 건 안중에 없었다. 남들보다 늦게 시작했기 때문에 희생해야 한다고 믿었다. 부족한 시간은 야근해서라도 노력해야 성과를 보여야 했다. 내가 꿈꾸는 MD가 될 수 있는 길이라고 생각했다. 성과를 내는 데 초점을 맞추고 일에 더 많은 시간과 에너지를 투자했다. 야근에 대한 보상을 바라지도 않았다. 일 중독으로 발전했다. 업무 성과를 성공 계단으로 여겼다. 업무에 대한 책임감과 성과를 중요하게 생각했다. 나 자신의 역할에 대한 완벽주의로 인해서 일 중독 습관은 점점 심해졌다. 개인적인 동기나 인생 목표를 달성하기 위해 더 많은 시간을 투자하는 건 당연했다. 자기 자신에 대한 성취감을 얻기 위해 노력하거나, 경력 발전을 위해 더욱 열심히 일했다. 성공을 이루는 데에 대한 부족한 경력을 쌓는 데 도와줄 수 있는 사람은 나 스스로뿐이었다. 노력만이 선택할 수 있는 길이었다.

일 중독, 노 브레이크

2002년 9월, 해외 생산 프로모션으로 이직해서 근무한 지 몇 달이 지났을 때이다. 회사 사무실은 용산 삼각지에 있었다. 낡은 6층 건물이었다. 백여 명 직원이 근무할 만큼 큰 건물이었다. 직원 수가 많아 지하에서 6층까지 전 층을 다 사용했다. 엘리베이터는 화물을 실어 나르기 위한 용도만 사용할 수 있었다. 사람이 타고 오르내리는 엘리베이터는 없었다. 계단으로만 이동해야 하는 구식 건물이었다. 생산 프로모션 중에서 큰 규모 회사였다. 나름대로 급여 외 복지가 좋았다. 점심과 저녁 식사는 물론 철야를 하면 모든 식사나 간식까지 제공했다. 퇴근 시간이 늦어지면 택시비도 아낌없이 지원되었다. 그만큼 일이 많았다. 출근 시간은 정해져 있었지만, 퇴근 시간에 제때 퇴근해 본 적이 없었다. 퇴근 시간이라는 것이 의미가 없었다. 각자 맡은 업무를 마무리하면 이미 시간은 오밤중이었다. 월화수목금금금. 365일. 연중 쉬었던 날을 꼽자면 열 손가락이 남을 지경이었다. 보편적으로 알고 있는 브랜드 제품을 생산하는 OEM(생산 대행) 회사였다. 이전에 다니던 회사 거래처 사장님이 소개해

준 덕분에 이전 회사에서 받던 급여보다 파격적으로 좋은 조건으로 이직하게 되었다. 여전히 내가 꿈꾸던 브랜드 기획 MD 자리로는 갈 수 없었다. 비록 당장 원하는 자리로 갈 수는 없었지만 실망하지 않았다. 실망스럽지 않았던 이유는 나는 언젠가 내가 원하는 자리로 가게 될 거라고 믿어 의심치 않았기 때문이다.

디자인 전공자 중에서 패턴을 볼 줄 아는 사람은 많지 않았다. 기본 패턴, 그레이딩 패턴, 요척 산출 미니 마카 등 원가를 계산하려면 필요한 필수 지식이었다. 브랜드 기획 MD나 소싱 MD 직무에 있는 사람들도 요척 산출을 할 줄 몰라서 원가 계산을 못 하는 경우가 대부분이었다. 처음 내가 되고 싶었던 직무는 패턴 모델리스트였다. 너무 일찍 패턴 캐드를 배웠다. 현업에 프로그램이 보급되기 전이라서 원하는 직무로 취업하지 못했다. 패턴에 대한 지식은 두고두고 나에게 쓸모있는 지식 재산이 되었다.

패턴사 출신의 팀장님과 전무님은 패턴 볼 줄 아는 디자이너는 처음이라며 좋아했다. 지금은 돌아가신 신 전무님에게 실무 패턴과 제3국 생산에 대한 지식을 배웠다. 나는 막히는 부분이 있으면 전무님께 자주 여쭤보았다. 뭐든지 배우려고 하는 나의 태도를 긍정적으로 여겼다. 45년 경력의 베테랑 생산 전문가에게 단기 속성으로 배울 수 있는 절호의 기회였다. "김 주임! 건방 떨지 않고 배우려고 하는 태도 변하지 마라." 전무님은 학교 배움이 길지 않았지만 겸손하고 본인의 업에 자부심이 있었다. 그는 업계에서 인정받는 생산 전문 실력자였다.

뭣보다 중요한 사실은 내가 일을 즐겼다는 거다. 일하다 보면 밤 열두시가 넘는 것은 다반사였다. 밤을 꼴딱 새우고 새벽 6시쯤 퇴근 후 집으로 가서 씻고 다시 9시까지 출근했다. 그런 생활은 이후 나의 업무 태도로 자리 잡았다. 2000년대 한국 캐주얼 패션 시장에 공급된 의류 상당량이 내가 다니던 회사에서 생산되었다. 오더가 넘쳐났다. 넘쳐나는 오더 생산업무를 하면서 나는 남들이 몇십 년 해야 배울 수 있는 일을 압축해서 배울 수 있었다. 학업과 조교 생활로 보낸 3년의 실무 공백이 느껴지지 않을 정도로 많은 업무량으로 다양한 스타일의 제품을 생산하는 실무 경험을 할 수 있었다.

굳어진 야근 습관은 일상 패턴이 돼버렸다. 지칠 줄 모르는 오래가는 건전지 에너자이너라는 의미로 '김자이너'라는 별명이 붙었다. 그만 좀 일하라는 말을 들을 지경이었다. 딱히 업무 말고 의미 있는 즐거운 일이 없었다. 일상의 균형은 깨졌지만, 실력이 늘어나는 느낌에 힘든지 몰랐다. 나의 머릿속은 온통 회사일 뿐이었다. 일 중독자가 된 내게 브레이크는 없었다. 나는 일을 좋아했고 즐겼다. 일하면 할수록 전문 지식이 늘어나 성장하는 것 같았다. 일 중독 습관은 쉽사리 고쳐지지 않았다. 미래에 대한 불안감을 해소할 방법을 찾게 된 것은 독서를 시작하고 난 이후였다. 2016년 연말이 돼서야 나는 책을 잡기 시작했다. 늦깎이 초보 독서가였다.

독서가 좋은 이유

나는 독서를 하면서 스트레스를 해소하고 불안한 마음을 내려놓고 안정할 수 있었다. 철학, 심리학, 자기 계발서 등의 책이 도움 되었다. 독서를 하면서 다른 관점을 가질 수 있었다. 다른 사람의 경험과 지식을 간접 경험으로 나의 업무와 삶에 대한 인사이트를 얻었다. 책을 읽고 느낀 바를 글로 썼다. 글쓰기를 하면서 나의 감정과 생각을 정리하고 이해했다. 일 중독에 대한 감정적인 부담의 이유를 글로 쓰면서 해소되는 느낌이었다. 글을 쓰면서 목표에 대한 방향을 점검할 수 있었다. 독서를 하면서 타인의 삶에서 영감을 얻고 글쓰기를 하면서 나를 재조명해 보는 시간을 갖게 되었다. 이는 나와의 소통과 성장을 위한 유익한 수단이었다. 우선순위를 정하고 집중력을 높여서 직장에서는 최선을 다해 일했다. 퇴근 후에는 일에서 벗어나 독서와 글쓰기 하자 자연스럽게 성찰의 시간을 갖게 되었다. 멈추자 보이는 세상에 대한 해석이 달라졌다.

4

가재의 탈피, 그리고 성장통

"당신에게 가장 필요한 책은
당신에게 가장 많이 생각하게 하는 책이다."

마크 트웨인

양육자의 의미

포유류 중에서 인간만큼 성장 양육 기간이 긴 동물은 없다. 인간의 성장 기간은 다른 포유류 동물보다 압도적으로 길다. 오랜 시간 양육의 손길이 필요하다. 인간이 태어나서 영유아기에 양육자의 보호가 없다면 생존하기 어렵다. 원시시대부터 지금까지 인간은 태어나서 사고를 할 수 있을 정도의 나이가 될 때까지 돌봄이 필요하다. 먹여주고 입혀주고 싸면 치워주고 씻겨줘야만 살 수 있는 존재이다. 또래 집단이 중요하고 스스로 생각을 할 수 있는 유년기를 거쳐 청소년기가 되면 반항심도 생기고 주체 의식이 생기게 된다. 영유아기, 유년기 시기에는 자신을 보호해 주던 양육자에게 반항도 하고 키워 준 양육자에 대한 감사를 잊기도 한다. 청소년기를 거쳐 스무 살 무렵이 되면 성인이라고 부른다. 성인이 되면 스스로 생각하고 선택하고 판단한다. 결정에 대한 책임을 지는 나이에 이르면 어른이라 한다.

피라미드 구조의 회사, 회사가 원하는 인재상

급변한 요즘 직장 모습과 거리감 있는 이야기일 수도 있다. 내가 직장 생활 했던 20여 년 전 기준의 이야기로 이해하면 되겠다. 사회생활 초창기에는 일을 몰라서 여기저기 젖동냥하듯이 사소한 정보라도 얻으려고 물어보고 배우려고 했다. 물어볼 수 있는 직장 선배나 동료가 있는 경우라면 행운이었다. 어렵사리 업무에 필요한 전문 지식과 정보를 쌓다 보니 경력자가 되었다. 흔히 뭘 좀 알게 되는 5년에서 6년 차 대리급을 질풍노도의 시기에 비유하기도 한다. 이 시기를 나는 청소년기와 흡사 비슷하다고 생각한다. 선배가 알려준 경험 지식을 비판하기도 하고 새로운 창의적인 방안을 내놓기도 한다. 대리 과장급은 청소년기에 비견할 수 있겠다. 일도 알아서 할 줄 알고 특별히 지시하지 않아도 문제 사안을 사전에 막을 수 있는 능력을 갖추게 되는 연차이다. 제법 쓸모가 있는 연차이다. 차장, 부장급은 스무 살 정도 되는 어른 연차이다. 관리자급이다.
회사는 피라미드 구조로 되어 있다. 사원에서 임원까지 사원의 숫자가 많고 임원으로 갈수록 인원이 줄어드는 구조이다. 회사에서 선호하는 인재상이 있다. 첫 번째, 전문성과 기술을 갖춘 인재를 원한다. 업무에 필요한 전문적인 지식과 기술을 보유하고 업무를 효과적으로 수행할 수 있는 능력이 있는 사람을 선호한다. 두 번째, 빠르게 변화하는 비즈니스 환경에서 적응력과 유연성을 갖춘 인재가 필요하다. 문제 상황에 빠르게 대처하고 조직의 변화에 적응할 수 있는 능력이 있는 사람이 가치 있게 여겨진다. 세 번째, 협업과 커뮤니케이션 능력은 조직 내에서의 원활한 협력과 효율성 증진에 중요한 역할을 한다. 회사는 팀원들과 원활하게 협력하고 의사소통할 수 있는 능력을 갖춘 인재를 선호한다. 네 번째, 통솔력과 주도권을 갖춘 인재는 조직의 성장과 발전에 도움이 된다. 다섯 번째, 전략적 사고를 하고 문제 해결 능력, 자기 주도적인 태도의 사람이 조직 리더로 인정받을 가능성이 크다.

거듭나게 된 계기

2016년 10월, 중국 상해 주재원으로 근무할 때다.

국경절 연휴가 끝난 뒤 출근한 첫날이었다. 복도 게시판에 인사명령서 한 장이 붙었다. 기획팀원인 성주가 공지를 보고 와서 놀란 토끼 눈을 하고 나에게 다가와서 물었다. "팀장님, 인사명령서 보셨어요? 팀장님, 브랜드 이동하세요?" 나는 중앙 복도 게시판으로 빠른 걸음으로 걸어갔다. 인사명령서에 한 사람 이름이 적혀 있었다. '김지안 차장. ○○○ 기획팀 전환배치' 20년 가까이 회사 다니면서 원치 않는 부서 이동이 처음이었다. 일만 잘하면 된다고 생각했다. 착각했다. 실무진 업무를 할 때까지는 회사 지침에 따라 수행만 잘해도 일 열심히 한다는 소리를 들을 수 있었다. 그러나 이미 나는 차장이었다. 나는 사고가 유연하지 못했고 사내 인간관계 소통에 실패했다. 키워준 양육자에게 감사할 줄 모르고 혼자 성장한 줄 알고 까분 중학교 2학년생 같았다. 관리자에게 가장 필요한 협업과 커뮤니케이션 능력이 바닥을 드러내는 순간이었다. 부서원 간, 부서 간 원활한 소통이 어려운 사람을 리더로 세울 수는 없는 노릇이었다. 원만한 커뮤니케이션 능력 부족, 전략적 사고를 하지 못하는 관리자로 평가된 순간이었다.

　갑각류는 변태 과정을 거친다. 안에 있는 속살의 몸이 커지면 겉을 둘러싸고 있는 딱딱한 껍질을 벗고 커진 몸에 맞는 딱딱한 껍질을 다시 만들어 내야 한다. 성장의 과정이다. 두껍고 딱딱한 껍질을 벗고 연한 속살이 드러나는 시기가 있다. 이때 외부로부터의 공격이나 충격이 가해진다면 상처를 피할 수 없다. 천적으로부터 공격을 받는다면 치명적인 상처를 입어 죽을 수도 있다. 다행히 변태 과정을 외부 환경으로부터의 관여 없이 교체할 수 있다면 좋겠지만 세상일이란 것이 내 마음대로 되는 것은 아니다.

　나는 변태해야만 하는 시기였다. 허점투성이면서 자기반성이 없었다. 속에서 몸은 커졌고 작아진 껍질 밖으로 빠져나오려고 몸부림치는 중이었다. 미성숙 단계에서 성장만을 쫓다가 과속에 튕겨 버린 꼴이 됐다. 성장과 더불어 성숙해지기 위한 태도를 배워야 했다. 중요한 시기에 관리자에게 필요한 품성을 갖출 수 있도록 적절하게 변화하지 못했다. 살던 대로 살았다. 어떻게 해야 성장과 성숙을 할 수 있는지 몰랐고 원만한 인간관계와 소통 능력을 어떻게 키워야 하는지도 몰랐다.

독서가 동아줄일 줄이야

 내가 독서를 본격적으로 시작하게 된 계기이기도 하다. 나는 나의 문제가 뭔지 몰랐다. 주변에 나의 문제를 조언해 줄 사람이 있었다면 더할 나위 없이 좋았겠지만 그런 존재가 없었다. 설령 조언해 주는 사람이 있었다 해도 내가 들을 자세가 되어 있지 않았기 때문에 조언해 주는 사람이 있었어도 알아채지 못했을 수도 있다. 내가 선택한 최선은 책을 읽기로 한 것이다. 독서가 나를 살려 줄 수 있을 거라는 생각보다 단지 지푸라기라도 잡아야 했다. 달리 내가 할 수 있는 일이 없었기 때문이다. 어떤 책을 읽어야 할지, 책을 어떻게 읽어야 할지, 책을 읽고 글을 어떻게 써야 할지, 아는 게 없었다. 다시 처음으로 돌아갔다. 나 자신의 문제를 발견하기 위해서 고군분투하기 시작했다.

 세상은 내가 원하는 대로 내가 목표한 대로 노력만 하면 되는 줄 알았다. 노력이 모든 걸 해결해 줄 수 있다고 생각했다. "노력은 배신하지 않는다." 틀린 말은 아니다. 그러나 더 중요한 우선순위가 빠져 있었다. 노력하기 이전에 회사에서 원하는 인재상이 무엇인지 생각해야 한다. 나는 "실행 우선 목표 지향성" 위주로 생각했다. 조직안에서 공감대가 형성된 상태에서 실행해야 했다. 내 인생의 주인으로서 내 인생의 인재상이 나에게 없었다. 인재상이 그려지지 않았다. 어떻게 인생을 살 것인지, 어떤 인생을 살고 싶은지 갈 길을 잃었다. 더 나아가 내가 인생을 어떻게 살아야 하는지 깊이 고민했어야 했다. 나의 문제를 발견하고 상처를 치유하고, 잘못된 태도를 바꿔야 했다. 인생을 사는 데 중요한 우선순위를 발견하고 찾아야 했다. 당시의 나는 이런 생각 자체를 할 수 없는 정도의 백

지상태였다. 아는 게 없으니 어떻게 바꿔야 할지 막막하기만 했다.

　직장에서 목표를 달성하기 위한 맹목적 태도를 내려놓았다. 독서와 글쓰기로 시간을 많이 보냈다. 독서 모임으로 나와 다른 세계에 사는 사람들과 만났다. 쫓기는 듯한 각박한 일상에서 벗어나면서 업무도 여유 있는 태도로 처리할 수 있었다. 이기심도 줄어들었고 객관적인 시각으로 사물을 바라보게 되었다. 마음의 여유를 갖는 태도야말로 나에게 필요한 행동이었다. 리더는 개인적 이해관계보다는 조직 전체의 안위를 더 중시하는 사람이기 때문이다. 내 마음과 태도를 바꾸면서 마음도 몸도 편안해지는 경험을 하게 되었다. 직장에서 동료와 만나서 이야기를 나눌 때 정성을 쏟았다.

5

실패가 아니라 경험이다

"나는 독서하는 방법을 배우기 위해
80년이라는 세월을 바쳤는데도
아직 그것을 다 배웠다고 말할 수 없다."

괴테

실패는 성공의 마미

실패라는 단어는 무서웠다. 실패할 것 같으면 시도조차 하지 않았다. 내가 도전해서 되겠어? 도전이 웬 말이야. 시도하지 않았다. 나보다 나은 누구도 어려워하는 걸 내가 어떻게 해? 시도조차 하지 않았기에 실패할 일도 없었다. 그런 성격이었던 내가 스무 살이 돼서 대학에 진학하면서 꿈이 생겼다. 꿈이 생기면서 미미한 도전이라도 하게 되었다. 도전의 높이를 조금씩 높여갔다. 낮은 목표를 잡으면서 낮은 돌계단을 한 개 두 개 오르는 도전부터 시작했다. 작은 성공 경험은 나에게 자신감을 불러

일으켰다. 의기소침하던 청소년기를 보냈으나 사회생활을 하면서 나름대로 도전하면서 어려운 상황을 극복해 나아갔다. 성실하게 직장생활을 하면서 나만의 안전한 공간을 만들었다. 독서와 글쓰기를 시작하고 공부하면서 실패가 경험이라는 것을 일게 되었다.

마라톤 경기 중에 스텝이 꼬여서 내 발에 걸려 넘어져 무릎을 다쳤다면 바로 일어나서 경기를 지속하기보다는 부상 치료부터 하는 것이 바람직하다. 부상 정도에 따라서 경기를 지속할지 포기할지 결정하는 것이 후일의 선수 생활에 도움이 될 수 있다. 다친 다리로 경기를 이어 가겠다고 달리다가는 회복이 어려울 정도로 상태가 나빠질 수 있기 때문이다. 조급하게 생각하면 당장 경기에서 순위에 못 들고 실패자가 될 것만 같은 생각이 들 수도 있다. 마라톤 경기는 시즌에 몇 번씩 열린다. 설령 대회가 자주 열리지 않아도 체력을 보강하고 잘못된 자세가 있다면 교정하면서 선수 기량을 높이면 된다. 다음 경기는 또 열린다. 한 번의 경기를 놓쳤다고 해서 선수 생명이 끝나는 건 아니다. 치명적 부상으로 선수 생명이 끝난다 해도 마라톤 선수가 아니면 어쩌랴. 마라톤 선수를 양성하는 코치가 될 수도 있고 다른 길을 찾으면 된다.

상해와 서울에서의 몸부림

2016년 10월, 중국 상해. 타인 뜻에 따라 방출된 부서 이동은 나에게는 사건이었다. 능동적이고 행동 지향형인 나에게 타인에 의한 방출은 실패를 의미했다. 내 삶의 방정식에는 없는 로직이었다. 동기 부여가 안 되면 나는 움직여지지 않는 사람이다. 회사에서 능동적으로 일을 하면 방출된다는 학습 경험이 생겨버렸다. 시키는 일만 해야 한다고 생각하니 일이 재미없어졌다. 어떤 일을 해도 긴장하게 되고 위축되었다. 시키는 일만 해서는 성과 낼 수 없다는 걸 몸으로 알고 있었지만 나락으로 떨어질까 두려웠다. 이동한 다음 부서에서 두려웠지만 재도전했다. 용기는 정신승리일 뿐이었다. 이동한 부서에서 연속 실패 경험이 쌓였다. 일이 많고 어려워서가 아니라 심리적으로 위축되었기 때문이었다. 나의 태도는 소극적으로 변했다. 자신만만하던 나의 태도는 자취를 감췄다. 다시 스무 살 이전의 나로 돌아갔다. 일곱 살의 어린 나. 소파 뒤 쪼그리고 숨죽여 앉아 있는 나. 나는 회사에서의 모든 도전 활동을 멈췄다. 도전할 용기와 의미를 잃어버렸다.

부서 방출에 대해서 눈에 보이는 이유는 알았지만 현상 말고 본질을 알고 싶었다. 지금이야 문해력이라는 단어를 쓸 수 있겠지만 그 당시 나는 현상을 보고 본질을 보는 힘이 없었다. 왜냐면 책 한 줄 제대로 읽어본 적이 없었으니 뭐 아는 게 있었겠는가. 성공한 사람은 모두 독서광이라고 말하는 유튜브 채널을 보았다. 성공을 꿈꾸는 독서보다 내가 성장과 변화를 할 수 있을지가 궁금했다. 유튜브 채널에서 말하는 대로 책을 열심히 꾸준히 읽으면 뇌가 바뀐다고 하니 믿고 싶었다. 작심하고 읽어보자는 생각으로 본격적으로 독서를 시작했다. 책을 혼자 읽기가 막막했다. 학교 졸업을 위해 전공 도서를 읽고 시험에 출제될 법한 부분에 밑줄을 그으면서 읽은 책이 나의 독서 생활이었다. 독서에 진심이었던 적이 없었다. 글쓰기는 대학원 논문을 쓰기 위해서 논리 글쓰기를 배웠던 경험이 고작이었다. 논문 몇 편 써본 경험 가지고는 글쓰기가 되지 않았다.

책 읽기를 하고부터 나는 엄마와 통화할 때면 주로 책을 주제로 이야기한다. 초기에는 책 내용 이야기가 아니라 책이 읽히지 않는다는 호소에 가까운 푸념이 주류였다. "엄마, 이번에 『인간관계론』을 읽고 있는데 책이 눈에 잘 안 들어와요. 새벽에 4시에 시계 맞춰 놓고 일어나서 식탁에 앉아서 읽다가 얼마 읽지도 않았는데 졸고 있더라니까요." 나는 혼자 읽기 외롭기도 해서 엄마에게 함께 독서하자고 제안했다. "엄마, 독서하면 다른 삶을 살 수 있대. 엄마도 나랑 같이 책 읽어보자." 책을 읽기 시작하면서 나는 독서에 대해서 엄마에게 나불나불 이야기했다. 좋다니까 해보자는 생각이었다.

2016년 일흔 살의 윤 여사는 나의 리딩 메이트가 되었다. 우리는 독서 여정을 함께 출발했다.

"음음음…. 다 읽었는데 말하려니까 기억이 안 난다…."

한국 서울에 있는 엄마와 중국 상해에 있는 나는 같은 책을 동시에 읽었다. 나와 엄마는 책을 읽으면서 서로에게 읽은 책에 대해서 질문하곤 한다. 독서를 시작했던 초기에 엄마는 책을 완독했는데도 읽은 책에 대해서 줄거리조차 요약해서 말하지 못했다. 어떤 책은 책 제목조차 잊을 때도 있었다. 일흔 살의 엄마는 나이가 많아서라고 하더라도 그보다 훨씬 젊은 나조차도 요약하기가 쉽지 않았다. 책을 읽고 나를 변화시키고 싶어서 독서를 하겠다고 결심했는데 성장하기 위한 깨달음의 변화가 빨리 나타나지 않았다. 왜냐면, 독서 습관이 만들어지지 않은 상태에서 독서를 이어갈 수가 없었기 때문이다. 더 난감한 사실은 독서 습관이라는 건 결심해서 만들어지는 게 아니었다. 미라클 모닝 4시 기상을 실행해 봤지만 효과적이지 않았다. 출근 전 두 시간 독서 시간 중 제대로 독서

한 시간은 한 시간 남짓이었다. 낮에 출근해서 일하는데 더 피곤하기만 했다.

2시간 동안 힘겹게 책을 붙들고 씨름하기보다 한 시간이라도 집중해서 매일 같은 시간에 읽기로 했다. 책 읽는 뇌로 만드는 것이 먼저였다. 이래서야 어느 세월에 성공하고 성장한다는 건지 한심스러웠다. 과연 책을 읽고도 기억 못 하는 것이 나이가 많은 탓일까. 뇌 과학책에 보면 인간의 뇌는 신경 가소성이 있어서 뇌를 사용하면 할수록 기능이 좋아진다고 한다. 나이 들어서 뇌의 기억 활동이나 활용 능력이 떨어지는 게 아니라 뇌를 사용하지 않아서 뇌의 주름이 점점 펴지면서 기억력과 기능이 떨어진다고 했다. 일반적으로 말하는 나이가 들기 때문에 뇌 기능이 떨어진다는 상식은 잘못된 지식이었다. 나이 들고 늙어서 기억력이 떨어지고 감각이 떨어지는 게 아니었다. 생각을 덜 하고 뇌가 활발하게 움직일 수 있도록 활동하지 않기 때문이다. 뇌를 건강하게 움직여주는 활동 중 하나는 독서라는 거다. 뇌의 주름 협곡을 만들기 위해서는 지속적인 자극을 줘야 한다. 나도 뇌에 자극 주기 위해 독서를 선택했다.

책 읽는 사람

5년 넘게 매달려서 책을 읽었다. 안타깝게도 독서 몇 년 했다고 해서 나와 엄마가 크게 달라지지는 않았다. 대신 독서 습관만큼은 자리 잡아갔다. 안중근 의사가 하루라도 책을 읽지 않으면 혀에 가시가 돋친다고 했던 말의 의미를 이해했다. 하루라도 책을 읽지 않으면 부채감이 느껴졌다. 독서만 하면 인생의 성장을 경험할 줄 알았다. 어찌 된 일인지 몇 년간 수백 권 책을 읽었지만 내 일상도 인생도 딱히 이렇다 하게 바뀌었다고 말할 수 없었다. 독서를 해서 얻은 것은 사람과 상황에 대한 이해의 폭이 넓어진 거다. 이해하게 되었다 해서 내가 변하거나 내가 처한 상황이 달라지지는 않았다. 여전히 인간관계는 어렵기만 했다. 책은 많이 읽었지만. 도대체 어떻게 해야 진정으로 내가 변하는 삶을 살 수 있는 걸까. 성장에 대한 목마름은 깊어져만 갔다. 목마름을 해소할 방법으로 글쓰기를 하기로 했다. 책을 읽고 서평 쓰기를 하면서 글쓰기를 시작했다.

$$\textcircled{6}$$

코로나도 비껴버린 습관

내 나라가 그리워

"띵동띵동!" '올 것이 왔구나!' 심장이 쿵쾅거렸다.

2020년 2월 초, 베트남 하노이로 발령이 나서 근무한 지 일 년 남짓 지났을 무렵이다. 현관문에 있는 보안용 작은 구멍으로 밖을 보니 연초록색 베트남 군복을 입은 공안 대여섯 명이 보였다. 나는 문을 열었다. 그중 직급이 높아 보이는 한 명은 공안 모자도 대충 헐겁게 썼다. 배가 나와서 셔츠 단추가 팽팽해져 있었다. 힘이라도 주면 단추가 터질 듯했다. 그는 귀찮은 듯한 표정으로 머리가 가려운지 들고 있던 볼펜으로 모자와

머리카락 사이를 긁었다. 딱 보기에도 시키니까 할 수 없이 돌아다니는 것 같았다. 빼빼 마른 공안 한 명이 베트남어로 쓰여 있는 공문인 듯한 서류를 내밀며 알아듣기 어려운 영어로 여권과 거주증을 보여 달라고 했다. 문 앞에 서 있는 공안이 나를 보는 눈빛은 마치 '너도 한국 다녀온 거 아니야?'라고 묻는 것만 같았다. 한국에서 코로나가 급속하게 퍼지자 베트남 정부는 한국에서 입국한 사람을 격리하기로 한 것이다. 돌이켜 생각해 보니 그때 신분증 조사하러 나왔던 공안 모두 마스크 미착용 상태였다.

카톡카톡!! 아파트 주민 단톡방에 여러 사람이 카톡을 올렸다. 이 사람 저 사람 각자 집의 사정을 알렸다. 카톡이 빠른 속도로 올라갔다. 공안들이 집집이 돌아다니고 있다는 소식이었다. 여권과 거주증 조사를 하러 다닌다고 했다. 여권 출입국 날짜를 확인하고 명절 기간 중 한국에 다녀왔다면 어디론가 데려간다고 했다. 또한, 거주증 없는 사람도 불법 체류자로 끌려가기도 한다는 글에 무서웠다. 아직 거주증 기간은 1년 가까이 남아 있으니 다행이었다. 구정 설 연휴 기간이 지나고 난 후 한국에 다녀온 사람들을 색출하고 있었다. 구정에 한국에 안 가길 잘했다. 안 그래도 최근 코비드 19 바이러스로 확산으로 아시아나 항공기가 노이바이 공항에 착륙하려다가 착륙을 거부당해서 하노이 외곽 군사 공항으로 우회했다는 소식을 들었다. 코비드 19 바이러스가 어떤 질병을 일으키는지 몰랐던 거다. 33층에 살고 있으니 한참 있다 오겠거니 했다. 나의 예상은 빗나갔다. 카톡을 확인하고 있는데 초인종이 울렸다.

봉쇄, 봉쇄라는 단어를 만 3년 넘도록 지겹게 듣게 될 줄 몰랐다. 중국 우한에서 전 세계로 퍼진 코비드 19 바이러스는 공포 자체였다. 나는 2019년 12월 연말에 한국에 다녀왔다. 아직 코로나가 전 세계로 퍼지기 전이었다. 조카들이 호주에서 여름 방학 맞이 잠시 한국에 들어간다는 소식에 신년 휴가 대신 연말 휴가를 한국에서 보내기로 했다. 2019년 12월 말 한국에서 휴가를 보내고 하노이로 복귀했다. 하노이에 사는 상당수의 한국인은 설 연휴 기간에 한국에 들어간다. 베트남 뗏(음력 설날을 칭함) 연휴 기간에는 마트조차 문을 열지 않는 경우가 있어서 미리 식료품을 사다 냉장고에 채워 놓았다. 모처럼 긴 연휴에 사람도 없고 고요한 가운데 집중해서 책을 읽을 수 있었다. 세상 조용한 연휴를 보낸 뒤 난데없이 바이러스 공포가 시작된 거다. 2019년 12월 말에 한국을 다녀온 뒤로 이후 3년 동안 나는 하노이 밖으로 나갈 수 없었다.

혼자라서 좋아

단절이 나쁘지만은 않았다. 독서와 글쓰기에 몰입할 수 있는 시간은 내게 긍정적인 영향이 있었다. 독서는 혼자서 즐길 수 있는 활동이기도 하고 외부와의 연결을 일시적으로 끊는 기회가 됐다. 코로나 19 통제로 도시가 봉쇄되면서 나는 집과 사무실에 갇혀 생활했다. 외부와의 단절은 독서에 집중하고 몰입 가능한 기회를 주었다. 주변의 소음이나 집중력을 분산시키는 요소 없이 독서에 더욱 몰두했다. 깊은 이해와 다양한 관점으로 생각하는 연습을 했다. 주인공의 이야기를 통해서 아이디어를 얻기도 하고 다양한 간접 경험을 할 수 있었다. 내가 직접 경험해 보지 못한 책 속 인물의 감정에 공감하고 생각을 탐험했다. 독서는 스트레스 해소 통로였다. 책에서 저자의 고난을 극복하는 과정과 해결 방법을 배웠다. 나의 해결해야 할 문제를 파악하고 극복 방법을 찾도록 도왔다.

  코로나 시국 시작 초기였다. 사이클 자전거를 타고 운동하는 사람이 마스크를 착용하지 않고 지나고 있었다. 경찰차 사이렌 소리를 내는 용달차가 어디선가 와서는 사이클 운전자를 잡았다. 트럭 운전석에서는 공안들이 내렸다. 사이클 운동복 차림의 남자는 용달차 뒤 칸에 태워졌고 사이클 자전거도 용달차에 실렸다. 이미 용달차에는 여러 명이 타고 있었다. 사람끼리 만나지 못하게 막았다. 그런데 그 모습을 보니 마스크 없이 용달차에 저렇게 많은 사람을 태우면 코로나 안 걸렸던 사람도 걸릴 것만 같았다. 마스크 착용 필수, 비대면 생활화, 손 씻기 꼼꼼하게 하기 등등 코로나 수칙은 일상생활 활동 범위를 좁혔다. 베트남에 와서 독서 생활에는 좋은 환경이 되었다. 더군다나 이미 나는 스스로 유배지 생활을 선택해서 사람을 만나기보다 책을 읽기로 했었다. 베트남에 아는 사람도 없었을 뿐더러 사람에 대해서 두려운 생각에 새로운 사람을 사귀기보다 책과 친해지기로 했던 차였다.
  베트남 정부는 식당, 노래방, 피트니스, 영화관 등 사람이 모일 만한 모든 시설을 폐쇄했다. 덕분에 배달 음식으로 3년간 점심 끼니를 때워야 했다. 하노이는 호찌민보다는 봉쇄 강도가 덜 했다. 호찌민은 탱크와 총을 든 군인까지 동원하여 주요 도로를 봉쇄하기까지 했다. 강력한 봉쇄 정책으로 베트남 각 성 간 이동도 통제되었다. 나는 사무실과 집이 10분 이내 거리인데도 아파트 밖으로 나갈 수 없었다. 중국처럼 아파트 출입문을 막진 않았으나 일주일에 한 번 통행증을 발급받아 마트에 식료품을 사러 가는 것만 허락되었다. 6개월 동안의 강력한 봉쇄에도 코로나 감염 환자는 여전했다. 코로나 19 백신이 개발되어 나왔지만 정작 베트남에서는 백신을 구하기가 어려웠다. 베트남까지 공급되기엔 물량이 부족했기 때문이었다. 백신 보급 속도는 더뎠다. 베트남 지사 근무하는 전 직원에게 1차 코로나 백신 접종을 어렵사리 시켰다. 3차 백신 접종까지 했는데도 코로나 감염자 숫자가 폭발적으로 증가했다. 2021년 1월 하노이사무실에 코로나 19 바이러스가 퍼졌다. 현지 베트남 직원 전원이 감염됐다. 오미크론으로 바뀐 뒤라서인지 직원 대부분 다행히도 아프긴 했지만, 열흘에서 보름 정도 아프고는 건강을 회복했다.

책 읽는 시간

회사 사무실에서는 모두가 코로나에 걸렸지만 나와 한국인 기술 실장 두 명만 코로나 19에 감염되지 않았다. 나는 사람과의 접촉을 절대적으로 피했고 마스크를 벗지 않았다. 현지 직원들과도 식사조차 함께하지 않았다. 코로나 시국은 나 스스로 유배 생활을 합리화해주는 명분이었다. 외부와의 단절로 힘들어하던 시기였지만 독서를 통해서 이로운 경험을 할 수 있었다. 독서는 나의 관심사와 나의 문제를 찾고 해결할 수 있도록 독서 방향을 찾아가게 했다. 내가 해결해야 할 문제와 해결 방법을 찾도록 길라잡이 역할을 했다. 문제 해결을 위해 적절하게 맞는 다양한 책을 찾아 읽을 수 있었다. 뭣보다 성장이라는 갈증을 해소해 줄 책을 찾아 읽었다. 긍정적인 정서와 안정감이 생겼다. 독서는 외부 간섭이 줄어든 만큼 얻게 된 소중한 시간을 채우는 보석 같은 존재였다. 외로운 감정이나 두려운 생각은 사라져갔고 정신적인 풍요를 경험하게 됐다.

7

쓴소리와 잔소리

"삶을 바꾸는 데 필요한 것은 단 하나,
바로 피드백이다."

피터 드러커

사회생활 하다 보면 상사, 선배, 동료, 고객 등으로부터 평가를 받게 되어 있다. 직장이나 조직 내에서는 업무 성과에 대한 평가를 받는다. 팀원, 동료, 상사, 고객 등과의 상호 평가와 피드백이 이루어진다. 업무 협력, 커뮤니케이션 능력, 리더 십 능력 등이 평가 대상이 된다. 혹은 개인적인 특성이나 성격적인 요소에 대해서 평가가 이루어질 수도 있다. 예를 들자면, 리더십 능력, 문제 해결 능력, 창의성, 책임감 등이 평가의 대상이 될 수 있다. 직장인이라면 평가라는 울타리 안에서 벗어나기 어렵다. 조직의 업무 평가는 사람을 긴장시키고 강박관념에 사로잡히게 하기도 한다. 듣기에는 거슬리지만 도움 되는 쓴소리, 필요 이상으로 듣기 싫게 꾸짖거나 참견하는 잔소리를 구분하면 성장에 도움 되는 말을 거를 수 있다.

평가와 피드백, 과거에 대한 지적

평가와 피드백은 차이가 있다. 평가는 주로 성과를 평가하고 평가 결과에 따라 보상이나 승진 등의 결정이 이루어지는 데 목적이 있다. 피드백은 개인의 성과 개선과 발전을 위해 정보와 지도를 제공하는 것을 목적으로 한다. 평가는 일방적인 방향으로 이루어진다. 보통의 경우 상위에서 하위로 이루어진다. 이를테면 상사에서 부하직원으로 평가가 이루어지는 경우가 많다. 반면에 피드백은 양방향으로 이루어진다. 상호 간의 의사소통과 학습 의욕을 생기게 한다. 평가는 주로 보상, 승진, 업무 배정 등 결정에 활용된다. 피드백은 개인의 성장과 발전을 위해 즉각적인 개선을 취하게 하고, 학습 개선 방향을 재고하는 데 도움이 된다. 평가나 피드백의 공통점은 과거에 대한 지적이다.

하노이에서 만난 새로운 목표

2018년 12월, 하노이 노이바이 공항에 내렸다. 나는 이동 카트를 밀면서 공항 자동문을 열고 나왔다. 마중 나온 기사를 만났다. 회색빛 하늘과 탁한 공기는 중국 북경보다 더 심하게 나빴다. 숨이 막혔다. 겨울인데도 날씨는 긴팔 맨투맨 티셔츠가 두껍게 느껴졌다. 마중 나온 기사를 따라 주차장으로 갔다. 주차장에는 차가 **빽빽**하게 주차되어 있었다. 주차장 끝 쪽에 주차된 차에 짐을 싣고 올라탔다. 마음도 어두운데 하노이 탁한 공기와 어두컴컴한 날씨까지 나의 마음을 우울하게 만들었다. 노이바이 공항에서 미딩까지 차로 40여 분을 달렸다. 오른쪽 뒷좌석에 앉아 창밖을 보며 혼잣말로 읊조렸다. '하노이에서 독서해서 다른 사람이 되어보자.'

내가 꿈꿨던 브랜드 기획업무는 만 6년의 막을 내렸다. 나는 생산 현장으로 이동했다. 매출 압박으로 인한 스트레스는 받지 않아도 되었다. 견제와 경쟁, 긴장감 넘치는 환경으로 인해 강박관념에 쫓기는 일상에서 멀어졌다. 그 당시 나는 심리적으로 바닥을 친 상태였다. 상해를 떠날 때 동료들에게 작별 인사를 하기 위해서 부서마다 돌아다니며 인사를 다녔다. 일 중독자로 경쟁적으로 살았던 나에 대한 말을 들을 수 있었다. 쓴소리하는 사람도 있었고 잔소리하는 사람도 있었다. 떠나는 사람이니 웬만하면 좋게 말했다. 인생길을 살다 보면 큰 돌이 있으면 걸려서 차가 뒤집힐 수도 있고 작은 돌이 있으면 한 번쯤 차가 덜컹해서 놀라기도 하는 거다. 인생사 겪는 일이라고 생각하라고 위로하는 사람도 있었다. 나의 과거에 대한 피드백이었다.

상해에서 하노이로 어렵사리 이동했다. 중국 상해에 있을 때는 한국인 주재원 100여 명 이상이 근무했다. 하노이는 한국인 주재원이 기껏해야 네 명이었다. 중국에 있을 때도 나는 특별한 과외 활동을 하지 않았다. 예를 들자면, 종교 생활이나 동호회 활동을 하지 않았다. 해외에서 한국인 직원이 많은 경우는 본국에서 근무할 때와는 다른 느낌이 있다. 가족

위주로 일상이 움직여진다. 보통의 주재원은 가족과 함께 해외 근무하는 경우가 대부분이다. 상해에서 나는 혼자다 보니 주말이면 주로 백화점과 쇼핑몰 시장 조사로 바쁘게 지냈다. 하노이에 와서 보니 중국 상해처럼 시장 조사할 대형 브랜드가 입점한 매상이 근처에 없었디. 갈 곳도 마땅치 않았다. 하노이에서는 업무적으로 내가 잘하는 일을 하면서 퇴근 후 시간을 독서 생활로 보냈다. 무너졌던 자존감을 독서 하면서 하나씩 다시 일으켜 세울 수 있었다.

나에게 독서는 쓴소리, 즉, 피드 포워드 역할을 했다. 누군가 사람에게 들었다면 마음 상하고 상처받았다고 느꼈을 텐데, 책을 읽고 느끼니 상처가 아니라 성장을 위한 멘토였다. 피드 포워드(Feed forward)란 개선과 성장을 위해 제공되는 피드백의 한 형태다. 피드 포워드는 과거의 성과나 행동에 대한 평가가 아닌, 미래의 행동이나 성과에 대한 지도와 조언을 의미한다. 피드 포워드 누군가의 나를 위한 쓴소리일 수 있다. 즉, 개인이 나아갈 방향과 발전할 수 있는 점에 초점을 둔 피드백이다. 개인이 성장하고 발전키 위해 필요한 행동 계획을 제시해 주는 행위이다. 이는 현재의 역량과 성과를 기반으로 개인이 어떻게 더 나은 결과를 얻을 수 있는지에 대한 조언을 포함한다. 주로 목표 달성, 역량 개발, 효율성 향상 등을 위해 사용된다. "지금부터 어떻게 할 것인가?"에 초점을 맞추어 개인의 동기부여와 개선을 도모한다.

독서만 해서는 변하지 않았다. 독서보다 강력한 자극은 글쓰기 훈련이었다. 글쓰기 훈련 중 가장 쉽게 시작할 수 있는 행위는 일기 쓰기다. 초등학교 다닐 때 방학에 일기 쓰기 숙제가 있었다. 한 달 치 일기를 몰아서 썼던 경험으로 일기 쓰기는 지루한 글쓰기라는 인식이 생겼다. 글쓰기를 본격적으로 배우기 시작한 것은 2021년 4월 글쓰기 수업을 등록한 다음부터다. 책을 읽고 감상문을 쓰다가 서평을 썼다. 글이라는 걸 제대로 써본 적 없으니 허술하기가 말도 못했다. 글쓰기도 독서 습관을 만들었던 경험처럼 반복 연습이 필요했다.

피드포워드, 미래를 위한 조언

글쓰기 연습을 하다 보면 자존감이 올라간다. 왜냐면 나에게 있는 문제들을 모두 꺼내놓고 문제를 주제별로 그룹 지어 본다. 그룹으로 묶인 문제를 하나하나 분석한다. 병원에서 병을 진단할 때와 맥락이 비슷하다. 각종 검사를 하는 이유다. 검사해서 나온 결과를 근거로 환자의 상태를 파악하고 진단한다. 맥락에 맞는 치료법을 적용해서 시술한다. 근본적인 문제를 알고 나면 해결법이 나올 수 있다. 누군가에게 비판이나 비난의 말을 듣게 되면 방금 내가 들은 말이 비판인지 비난인지 여유를 가지고 생각한다. 보통은 비판의 말은 앞으로 내가 변화했을 때 어떤 미래가 기대된다는 격려의 말이 따라오게 마련이다. 그런 경우 상대에게 애정이 느껴져 고마운 마음이 든다. 그러나 비난의 말을 듣게 되면 과거에 잘못했던 일이나 추궁의 사례가 이어진다. 비난을 목적으로 하는 말이라면 내가 동의하지 않으면 된다. 지난 일을 반추해서 반성의 계기로 삼아 더 나은 오늘을 살면 된다. 과거에 대한 지적보다 미래를 위한 조언, 쓴소리의 힘이 나를 살렸다. 쓴소리를 책에서 구하면서 나는 달라졌다. 사람들은 자신이 중요한 일을 하고 있고, 상사가 자신을 주시하고 있다는 확신이 필요하다. 하지만 제안이 아니라 해결방안을 주문한다면 벽에 부딪칠 수 있다. 자신 내면의 본래 에너지를 확인하고 끌어내려면 자신의 내면을 들여다보면 된다. 그래서 누군가를 돕고자 하는 행동은 상당한 의미가 있다. 진정한 피드 포워드는 타인이 아닌 자기 자신에게 집중하는 것이다.

8

책 읽어야 하지만 운동도 하고 싶어

"독서는 마음을 위한 것이고,
운동은 몸을 위한 것이다."

조셉 에디슨

눈이 침침해

온종일 컴퓨터 앞에 앉아서 일하고 퇴근하고 나서 책을 펼치면 눈앞이 뿌옇게 보이는 현상 때문에 습관적으로 눈을 비볐다. 독서 시간이 길어질수록 시력이 떨어지는 문제가 생겼다. 하루 일정 시간 이상 집중해서 책을 읽으면 눈이 침침했다. 업무를 할 때 컴퓨터 화면을 보면서 일을 한다. 퇴근 후에 책을 매일 읽으니 시력이 이전보다 많이 떨어졌다. 노안 때문일 수도 있어서 다초점 안경 도수도 올려서 바꿔 보았다. 독서 시간이 길어지면 질수록 눈이 침침해지는 건 어쩔 수 없는 현상이라고 받아들였다. 어쩔 수 없다고 생각했기 때문에 행동을 고쳐 볼 생각을 못 했다.

워킹 패드 위의 독서

2021년 8월, 베트남 하노이는 비가 많은 도시이다. 하노이 지역의 지리적 특징은 삼각주이다. 상류로부터 내려오는 퇴적물이 모여드는 지형이다. 비가 오면 폭우가 쏟아진다. 폭우성 비가 자주 많이 내린다. 남쪽 호찌민 스콜과는 차이가 있다. 호찌민 스콜은 폭우 후에 건조한 기후 덕분에 땅이 곧 마른다. 하노이는 다르다. 삼각주 지역의 특징대로 땅에 물이 고인다. 오죽하면 연중 내내 곰팡이와 씨름을 해야만 한다. 제습기는 필수 아이템이다. 코로나 봉쇄가 시작된 시기였다. 코로나로 피트니스는 문을 닫았다. 운동은 해야겠기에 나는 아파트 주변을 퇴근 후에 열 바퀴씩 걸었다. 한 시간쯤 걸으면 약 4㎞ 정도 거리를 걸었다. 비가 안 오는 날에는 책을 들고 나갔다. 아파트 둘레를 걸으면서 책을 읽었다. 책을 읽으려니 걷는 속도가 느렸다. 책을 읽으면서 한 시간을 걸으면 기껏해야 2km 정도 걸었다. 그래도 운동시간과 책 읽기를 함께하면 일거양득이라고 생각했다. 나름 합리적 생각이라 자찬했다. 며칠쯤 걸었을까 책을 보는데 눈앞 초점이 안 맞고 글씨가 흔들려 보였다.

나는 안과를 찾았다. 시력 검사 결과 이전 검사 때보다 시력이 안 좋아졌다. 안경 렌즈를 바꾼 지 고작 6개월 지났는데 시력이 꽤나 떨어졌다. 눈을 혹사했다. 책도 읽어야 하고 일도 해야 하고 운동도 해야 하고 시간이 부족했다. 나는 시간을 줄이겠다는 생각으로 독서와 운동을 합쳐서 해보려고 했다. 시력 건강에 문제가 생기고 보니 방법이 잘못됐다. 머리에 좋은 영양분을 주는 것도 중요하나 몸을 돌보기로 했다. 어떻게 하면 책도 읽고 운동도 할 수 있을까. 내가 좋아하는 운동은 수영과 걷기 운동이다. 이런저런 다른 운동을 해보았지만 가장 꾸준히 오래 할 수 있는 운동은 이 두 가지였다. 코로나 19 봉쇄로 피트니스가 폐쇄돼 수영장은 이용할 수가 없었다. 상해에 근무할 때만 해도 상해는 도시 도로가 워낙 정비가 잘 되어 있어서 한 시간 거리쯤은 항상 걸어 다녔다. 신체 건강도 챙길 수 있고 정신 건강에도 긍정적이었다.

움직이면서 책 읽기는 포기하고 다른 방법을 찾아보았다. 움직이면서 독서하는 방법을 찾았다. 오디오북을 들으면서 운동하기로 했다. 코로나로 출입이 봉쇄된 기간 밀리의 서재, 윌라 등 오디오북 광고가 활발하게 나왔다. 연간 구독을 신청했다. 내가 읽고 싶은 모든 책이 있지는 않았지만, 신간 책 중 읽었으면 하는 책들을 오디오북으로 읽을 수 있어 좋았다. 밖을 걷기에 부적합한 현실을 받아들이기로 했다. 코로나 19, 봉쇄 영향으로 실내에서 운동할 수 있는 워킹 패드를 샀다. 고가의 기계였지만 피트니스 1년 등록비라고 여기기로 했다. 워킹 패드를 산 이후 나는 오디오북을 들으면서 걷기 운동한다. 코로나 시기에는 운동을 할 수 있다는 상황만으로도 좋았다. 수영장은 3년간 문을 열지 못했다. 워킹 패드 덕분에 코로나 시기에 운동과 독서를 할 수 있었다.

걷기 운동하면서 오디오북을 들으면 시간을 효율적으로 활용할 수 있다. 운동과 독서 두 마리 토끼를 잡을 수 있다. 사색이 필요한 책을 오디오북으로 읽으면 휘발돼서 날아가 버렸다. 워킹 패드 위에서 오디오북으로 듣기에 적합한 책은 자기계발서, 에세이, 소설 분야의 책이었다. 바쁜 일상으로 운동도 하고 독서도 할 수 있는 오디오북과 워킹 패드를 붙여서 실행했다. 독서와 운동은 포기할 수 없는 루틴이다. 독서와 운동의 결합이다. 이 좋은 것을 왜 마다하랴.

책과 함께 운동을

오디오북을 들으면서 운동하는 것은 운동을 더욱 즐겁고 생산적으로 만드는 좋은 방법이 될 수 있다. 효과적으로 수행하는 방법에 대한 몇 가지 팁이 있다.

첫 번째, 현실적인 목표를 설정한다. 운동 루틴과 오디오북 듣기에 있어 모두 얼마나 발전하고 싶은지 결정한다. 달성 가능한 목표를 설정하면 동기 부여받을 수 있다.

두 번째, 야외에서 운동하는 경우, 특히 헤드폰을 착용하고 있는 경우 주변 환경에 주의해야 한다. 조명이 밝은 길을 선택하고 차량 등 움직이는 물체와의 충돌을 주의한다.

세 번째, 다양한 장르의 책을 듣는 것이 좋다. 오디오북 장르를 혼합하여 운동을 흥미롭게 유지한다.

힘든 운동을 하는 동안이나 자세에 집중해야 할 때는 잠시 멈춰도 괜찮다. 이러한 휴식 시간을 활용하여 숨을 고르고 운동 효과를 볼 수 있다.

네 번째, 스트레칭, 요가, 가벼운 걷기 등의 활동은 오디오북 콘텐츠에 더 집중할 수 있다. 운동하면서 오디오북을 들으면 일과 중 시간을 절약할 수 있다.

우리의 목표는 오디오북을 끝까지 읽는 것이 아니라 운동을 더욱 즐겁고 지속 가능한 습관으로 만드는 것임을 기억해야 한다. 운동 루틴을 오디오북을 즐길 기회로 바꾸고 운동을 더욱 즐겁고 생산적으로 만들 수 있다.

◆ ◆ ◆

제 3 장

독서와 글쓰기
체인지그라운드
입성

①

벽돌 책을 딛고 다시 일어나라!

"아무리 재주를 타고난 사람이라도
글 쓰는 법은 하루아침에 익힐 수 없다."

장 자크 루소(프랑스 사상가. 소설가)

나는 재미가 없으면 공부든 일이든 의욕이 생기지 않는다. 우선순위는 재미였다. 학창 시절 재미없는 공부를 해야 좋은 평가를 받을 수 있는 학습 평가 구조는 나에겐 맞지 않았다. 학교 성적이 좋을 수 없는 구조였음을 이제는 안다. 재미를 우선한다는 나의 태도는 직장에서도 같았다. 회사 일을 어떻게 재미 따져가며 일하느냐는 피드백에 아랑곳하지 않았다. 그렇기에 좋아하는 일을 할 수 있는 회사를 선택해야 한다. 나는 내가 좋아하는 일을 할 수 있는 공간이 있는 회사를 찾았다. 재미있는 일을 해야 스스로 동기부여가 되는 사람이 나라는 걸 잘 알고 있기 때문이었다.

회사라는 조직은 경쟁적인 시장에서 자사의 제품과 서비스를 경쟁력 있게 시장에 위치시키고 점유율을 높이는 것을 목표한다. 또한, 수익을 창출하여 비즈니스의 지속성과 성장 지원을 목표로 한다. 회사는 지속 가능한 성장과 발전을 위해서 새로운 시장에서의 기회를 모색한다. 그런 이유로 기업의 영향력과 영향 범위를 확대하는 데 적합한 사람을 찾는다. 회사의 비전과 전략에 따라 변화무쌍하게 달라지는 상황에 맞는 적절한 계획을 세우고 적극적으로 실행할 수 있는 사람을 직원으로 뽑게 마련이다. 조직에 소속된 사람은 조직이 원하는 목표대로 힘을 모아 일해야 한다. 조직의 방향과 내가 맞지 않으면 오랜 세월 근무하기 어렵다.

즐겨야 이긴다

지난날을 되돌아보면 내가 좋아하고 신나게 일했을 때는 성과가 좋았다. 나는 새로운 일을 시작하는 데 도전적이었다. 남들이 꺼리는 일하기를 거부하지 않았다. 왜냐면 내 꿈을 실현하고 싶은 열망이 컸기 때문이다. 꿈을 향한 도전은 기회에 다가가는 과정일 뿐이었다. 힘들어도 힘든 줄 몰랐다. 시키지도 않는 야근과 철야는 결과를 만들어 내고야 말겠다는 결심과 기도가 있었기 때문에 가능했다. 반면 내가 생각하는 모습의 결과물을 만들 수 없거나 재미가 없으면 의욕도 신도 나지 않았다. 조직으로부터 시키는 대로 하라는 권위적 지시를 받으면 행동은 소심해졌다. 시키는 일만 하니 좋은 결과가 나올 리 없었다. 누군가의 부정적 피드백에 영향받아 좌절을 거듭하다 보니 자신감은 사라졌다.

2016년 8월, 중국 상해에서 일본 도쿄로 출장을 갔다.

중국은 페이스북, 구글, 트위터, 유튜브, 인스타그램 등 글로벌 SNS는 모두 차단된 상태였다. 그런데 운 좋게도 팟캐스트는 들을 수 있었다. 당시 나는 팟캐스트 '인생 공부'라는 채널을 즐겨 들었다. 독서를 주제로 이야기하는 채널이었다. 중국 밖을 벗어나는 한국, 중국, 유럽 출장이 있을 때면 막혀 있던 SNS를 볼 수 있어서 좋았다. 일본 도쿄 출장 갔을 때였다. 하네다 공항에 내려 유심칩을 바꾸자 와이파이가 열렸다. 유튜브 추천 영상 하나가 올라왔다. 유튜브 채널명은 체인지그라운드였다. 신영준 박사, 고영성 작가 두 사람의 독서 필요성에 대한 열띤 담론을 펼치는 영상이었다. 즐겨 듣던 '인생 공부' 팟빵의 운영자들이었다. 유튜브 채널 알고리즘이 내게 그들의 유튜브 채널을 추천했던 거다.

나는 도쿄 출장을 다녀온 뒤로 중국 상해로 돌아와서 체인지그라운드 유튜브 채널을 보기 위해서 VPN 구독 신청을 했다. 비용은 들었지만 그들의 영상을 계속 보고 싶었다. 왜 책을 읽어야 하는지, 성공한 사람들은 책을 모두 끼고 산다는 이야기, 독서를 통해서 달라진 삶을 누릴 수 있다는 그들의 주장에 귀가 솔깃해졌다. 과연 나도 책을 읽게 되면 그들이 말하는 대로 될 수 있을까. 궁금증이 싹텄다. 그 당시의 나는 직장에서 어려운 상황이었다. 돌파구를 찾아야 했다. 더 나아가 나의 근본적인 문제를 해결하고 싶었다. 문제 해결에 대한 갈증과 변화에 목말랐다.

도쿄 출장을 다녀오자마자 2주 후에 중국 썬전(선전)과 광저우(광주)로 출장을 다녀와야 했다. 중국에서 근무하는 동안 중국 전역으로 출장 다녔다. 나를 뒤돌아보고 주변을 살피지 못했다. 성찰 없는 삶을 살면서 나는 변화해야 할 타이밍을 놓치고 있었다. 거침없이 말하는 습관은 나 자신을 위험한 상황으로 몰아갔다. 내가 하는 행동이 어떤 결과를 초래할지 상상도 못했다. 부서 이동을 하고 나서야 나는 깨달았다. 재미만을 목적으로 일하느라 사람을 살펴보지 않아 정작 재밌고 좋아하는 일을 할 수 없게 되었다. 나는 어떤 조치든 조치가 필요한 상황이었다.

작은 목표, 작은 성공의 반복 경험

2018년 12월, 베트남 하노이로 근무지를 이동했다. 하노이에 발령받아 온 후 하노이에서 혼자만의 독서를 이어가던 중이었다. 2020년 9월에 체인지그라운드에서는 씽큐베이션 독서 챌린지 지원자를 모집했다. 2개월 8주 동안 총 4권의 책을 읽고 서평까지 남기는 것이 도전 과제였다. 실패하는 건 싫었다. 씽큐베이션 1기 모집에 도전하지 않고 혼자 씽큐베이션 일정을 따라서 책을 읽었다. 나는 종이책을 선호했다. 해외에 살고 있기에 종이책을 받아보려면 일주일이 걸렸다. 독서 모임 정책 기준으로 보면 내가 책을 읽을 수 있는 시간은 5일을 채 확보하기 어려웠다. 책만 읽는 게 아니라 서평까지 써야 하니 더욱 어렵게 느껴졌다. 그래도 도전에 성공한다면 나는 뭔가 앞으로 해낼 수 있을 것만 같다는 꿈을 꾸게 되었다. 다시 꿈이 생기고 있었다.

1기에서 5기까지 추천 책 중 상당수의 책이 700여 페이지의 벽돌 책이었다. 일주일 안에 700페이지 책을 완독할 수 있도록 습관을 교정했다. 8개월간의 사전 연습 독서로 나는 벽돌 책 일주일 안에 완독하기에 성공했다. 혼자 벽돌 책 완독 도전에 성공한 후 6기에 도전했다. 6기와 7기 씽큐베이션 도전해서 성공했다. 『폴리매스』를 읽을 때는 노이바이 공항

활주로 보수 공사로 공항이 폐쇄되었다. 종이책을 받아 볼 수 없었다. 기다리다가 이 북이 출시된 것을 뒤늦게 알고 급하게 이 북을 구매해서 읽었다. 이때 얼마나 급했으면 종이책을 받아 볼 수 있는 루트를 찾아 주문을 두 곳에 했다. 이북 구매까지 같은 책을 3권 구매했다. 밤을 새워가며 3일 만에 책을 완독하고 서평까지 쓸 수 있었다. 그 경험으로 내가 어떤 책이라도 3일 만에 완독할 수 있는 사람이 되었다는 자신감이 생겼다.

나의 인생 벽돌 책들이다. 벽돌 책만 쓰기로 유명한 로버트 그린 작가의 『인간 본성의 법칙』, 『권력의 법칙』, 『전쟁의 기술』, 『마스터리의 법칙』, 『유혹의 기술』을 연달아 완독했다. 『성공하는 사람의 7가지 습관』, 『나폴레온 힐의 성공 법칙』, 『오리지널스』, 『타이탄의 도구들』, 『생각의 지혜』, 『설득의 심리학 1~3』, 『생각에 관한 생각』, 『넛지』, 『사피엔스』, 『코스모스』, 『총. 균. 쇠』, 『니체의 삶』, 『안티프레질』, 『블랙스완』, 『바른 마음』, 『대변동』, 『타이탄의 도구들』, 『삼국지 1~10』, 『화폐 전쟁 1~5』, 『최악을 극복하는 힘』, 『완벽한 공부법』, 『일취월장』 등의 책을 읽으면서 책 읽기 근육을 만들었다.

독서 습관을 만드는데 4년 이상의 시간을 들이고 체인지그라운드에서 운영하는 씽큐베이션 독서 모임 도전 일곱 기수, 일 년 동안의 경험으로 나는 벽돌 책도 두려워하지 않는 사람이 되어갔다. 벽돌 책을 완독할 때마다 성취감에 심장이 떨렸다. 주저앉아 있는 나를 일으켜 세웠다. '다시 일어서라! 다시 할 수 있다!'라고 용기 내게 했다. 도전 과정 중에 나의 존재 의미를 찾을 수 있었고 성공했을 때 성취감으로 밑바닥까지 떨어진 자존감을 되찾았다. 벽돌 책을 읽은 후 두꺼운 책을 완독했다는 성취감을 느낄 수 있었다. 나의 삶을 되돌아보고 어떻게 살아가야 할지에 대한 방향을 알게 했다. 반성적, 통계적, 맥락적, 시스템적, 재무적 사고의 중요성을 재인식하는 계기였다.

닥치고 책 읽기, 닥치고 글쓰기,
닥치고 책 쓰기 '닥.책.모'

"많은 사람들은 자신이 낚으려는 고기가
무엇인지도 모르고 평생 낚시를 한다."

헨리 데이비드 소로

독서 습관 만들기

책을 열심히 읽었지만 내 삶의 변화가 눈에 띄게 보이지 않았다. 대체 얼마나 더 열심히 읽어야 성공한다는 거지. 어떤 책을 읽어야 할지 길을 잃었다. 유명한 사람들이 베스트셀러라고 추천하는 책도 읽었고 인스타에서 광고하는 책, 출판사에서 보내 준 책을 가리지 않고 닥치는 대로 읽었다. 2년간 체인지그라운드(현재 '스타디언'으로 채널명 변경)에서 추천하는 교양 도서도 모조리 읽었다. 나의 성장에 대한 갈증은 속 시원하게 해소되지 않았다. 체인지그라운드 덕분에 책 읽는 독서 습관을 만들 수 있었다. 벽돌 책 읽기 성공 경험은 나에게 의미 있는 경험이었다. 빡세게 읽고, 빡세게 서평 쓰기를 아웃풋으로 냈다. 2016년부터 2021년까지 만 4년간의 독서 습관 만들기 이후 다음 단계 선택은 글쓰기 연습이었다.

함께하는 독서의 힘

2019년 7월, 체인지그라운드와 대교에서는 오프라인에서 '빡독' 독서 모임을 했다. '빡독' 독서 모임은 한국에서뿐만 아니라 전 세계 온·오프라인에서 자발적으로 열렸다. 나는 2019년 7월부터 캐나다 토론토 '빡독' 온라인 독서 모임에 참여했다. 캐나다 토론토 '빡독' 독서 모임은 캐나다, 미국, 호주, 베트남, 한국 등 주로 해외에 사는 사람들이 대부분이었다. 매주 토요일 베트남 시각 저녁 6시(토론토 시각 토요일 아침 7시) 줌으로 모여서 책을 읽고 독서 후 각자의 인사이트 후기를 발표하는 방식이었다.

2020년 12월, 마지막 주 일요일 독서 모임 날, 『이젠, 책 쓰기다』를 읽고 독서 서평을 발표했다. 책을 꾸준히 읽고 있는 나에게 회원들은 책 쓰기 목표를 세워보라고 권유했다. 얼떨결에 신년 목표를 책 쓰기로 말해버렸다. 말을 했으니 어떻게 해서든 써봐야겠다 생각했다. 서평도 제대로 못 쓰는 내가 과연 책을 쓸 수 있을까. 내 인생의 어떤 계기가 될 수도 있었다. 처음부터 잘하는 사람이 어디 있으랴. 배워서 쓰면 책을 쓸 수 있겠지.라고 막연히 생각했다.

2021년 1월, 신년이 되었다. 책 쓰기를 선언한 날부터 나는 인스타에 책 쓰기 강의를 홍보하는 무료특강이 있으면 강의를 신청, 수강했다. 독서 모임을 함께 하는 회원들이 무료특강 정보가 있으면 알려주었다. 마땅하게 손에 잡히는 책 쓰기 수업을 만나지 못했다. 책 쓰기 강의 시장 조사를 했다. 독서 모임에서 만난 코나 코치님이 자이언트 북 컨설팅 책 쓰기 수업 무료특강 링크를 보내 주었다. 뭔지 모르고 링크를 받아 무료특강 신청서를 제출했다. 그때까지만 해도 나는 내가 책 쓰기뿐만 아니라 책 읽기도 목적 없이 했다는 걸 몰랐다.

2021년 3월, 나는 '닥.책.모' 닥치고 책 읽기, 글쓰기, 책 쓰기 모임을 시작했다. 글로벌 성장연구소라는 이름으로 네이버 카페를 열었다. 서른다섯 명의 '닥.책.모' 회원들과 책을 읽으면서 함께 서평을 쓰고 글을 쓰기 시작했다. 서툴렀지만 책을 읽고 자기의 생각을 글로 표현하는 과정과 경험이 새로웠다. 2021년 3월 말에 자이언트 무료특강을 수강하고 책 쓰기 강의 온라인 27기로 4월에 입과했다. 나는 내가 수강하고 있는 책 쓰기 강좌를 회원들에게 소개했다. 함께 책 쓰기 수업에 수강 등록한 회원들이 대여섯 명 늘어났다. 대부분 미국과 영국에 사는 회원이었다. 책 쓰기 수업을 같이 듣고 책을 읽으니 공감되고 좋았다.

2021년 4월, 온라인 27기로 책 쓰기 수업 입과 후 첫 달 강의를 수강하고 책 쓰기를 할 수 있을 줄 알았다. 첫 번째 과제로 제출했던 과제를 지금 열어보면 글이 아니다. 그런 상태로 어떻게 책을 쓰겠다고 도전할 수 있었는지. 무식하면 용감하다고 하지 않나. 개인 책 쓰기를 그해 9월에 도전했다. 쓰려고 했던 주제는 독서였다. 주제에 맞는 책을 집필할 수 없는 상황이라 느끼고 개인 책 쓰기를 멈췄다. 나는 책 쓰기가 필요한 것이 아니라 인생 점검이 필요한 시점이라는 것을 개인 책 쓰기 첫 번째 도전을 통해서 깨달았다.

신박한 셀프 위로

2022년 1월부터 서평 쓰는 독서 모임 '천무'가 시작했다. 자기 자신에 대한 인생 정리조차 안 된 상태에서 독자에게 전달할 메시지를 끌어낸다는 게 불가능했다. 책 쓰기 수업에서 '서평 쓰는 독서 모임 천무'를 시작했다. 천무 독서 모임을 통해서 나는 인생 책을 만나게 되었다. 웨인 다이어의 『인생의 태도』, 존 맥스웰의 『사람은 무엇으로 성장하는가』였다. 웨인 다이어, 존 맥스웰 작가의 다른 책들도 대부분 구해서 완독했다. 이 책들을 통해서 나의 성장에 대한 목마름을 해소할 수 있었다. 나에게 필요한 성장의 의미를 찾았다. 나의 리딩 메이트 윤 여사도 같은 책을 동시에 읽었다. 엄마와 나는 함께 성장하고 있다.

자이언트 책 쓰기 수업에서 글쓰기는 매일 하는 거라고 배웠다. 학창 시절 일기 쓰기는 선생님이 시키니까 억지로 써야만 하는 글쓰기였다. 부정적인 인식부터 고쳐야 매일 일기를 쓸 수 있었다. 이제는 내 일기를 검사할 사람은 없다. 내 인생의 주인은 바로 '나'다. 걱정하지 말자. 내가 중심 잡고 잘한 일이든 못한 일이든 매일 글쓰기 하기로 마음먹었다. 형편없는 글이었다. 한동안 나의 일기 내용은 누군가에 대한 험담이나 분풀이하는 내용의 글들이 가득 찼다. 그렇게 보름쯤 썼을까. 점점 일기를 쓰면서 안 좋은 내용의 글을 쓰기 싫어졌다. 뭣보다 일기에 부정적인 감정을 쏟아내고 나니 일상이 고요해지는 이상한 경험을 했다. 감정이 씻겨진 느낌이 들었다. 나를 향한 위로가 되었다. 내 이야기를 내가 들어주는 신박한 위로의 시간이었다.

독서와 글쓰기 효과

　감정이 요동치고 분노가 끌어 올라와야 정상인데 어느새 나는 감정을 통제했다. 누군가를 향한 부정적 생각을 글에 쏟아부으니 시간이 흐르자 기억조차 희미해졌다. 감사의 글쓰기로 바꿨다. 오늘 하루를 마감하는 글을 쓰면서 내가 가지고 있는 건 뭔지 생각했다. 여유 있는 태도로 멀리 떨어져서 바라보고 다양한 관점으로 관점을 달리하는 연습을 시작했다. 어떤 날은 내가 겪고 있는 인간관계 문제를 썼다. 두서없이 마구 늘어놓는 글쓰기였다. 펼쳐 놓고 읽으면서 공통점을 발견했다. 감정 통제력이 부족한 나. 수십 년을 살면서 문제를 인식조차 못했던 나. 하나하나 문제를 발견해가는 과정을 경험했다. 지난날 힘들었던 이유를 깨달았다. 나는 인생의 태도를 바꾸기로 했다.

　책 쓰기 수업을 들으면서 나는 책 쓰기를 걷어치우기로 했다. 나에게 필요한 건 글쓰기부터였다. 내 인생 정리가 되면 책 쓰기는 자연스럽게 이루어질 거라 믿었다. 메모하기, 일기 쓰기, 서평 쓰기, 블로그 글쓰기, 인스타 피드 글쓰기를 하면서 나는 글쓰기 근육을 만들었다. 책 읽기 근육 만들기에 4년 걸렸는데 글쓰기 연습은 얼마나 걸릴지 알 수 없었다. 조급한 마음을 내려놓았다. 나는 내 마음이 시키는 대로 책 쓰기 수업을 듣고 글쓰기를 연습했다. 책 쓰기 수업 시간에 배우는 글쓰기 템플릿으로 매일 일기를 한 편씩 썼다. 점점 일기의 내용이 참해졌다. 비록 세상 밖으로 보일 수 있는 글은 아니었지만 나는 꾸준히 글을 쓰고 있다.

$$3$$

일기를 쓸수록 문제가 보여

"문제를 식별하고 이에 대응하지 않으면,
그 문제는 영원히 해결되지 않는다."

레이 달리오

나이 먹는다고 인생 성찰이 되는 건 아냐

마흔이 넘어서도 자기 자신의 근본적인 문제를 파악하지 못하고 사는 사람이 나 하나만일까? 문제를 제대로 깨닫지 못하는 문제를 해결해야 했다. 독서 하기 전에는 문제라고 생각해 본 적도 없었다. 결과를 만들어 내는 게 가장 중요했다. 나는 평생을 일 잘하면 성공한다는 나만의 방정식을 세워 놓고 살았다. 오로지 관심은 업무 성과와 성장이었다. 사람이 보이지 않았다. 자기 자신의 문제가 무엇인지 정확히 이해하고 나서야 그 문제가 어떻게 발생했는지 파악할 수 있다. 이전까지의 경험을 글로 충분히 적어본다. 감정을 최대한 빼고 사실 기준으로 확인하고 다양한 관점으로 살피는 것이 도움이 된다. 문제를 파악한 후에는 구체적인 해결 계획을 세우고 목표를 설정하고 문제를 해결하기 위한 단계를 만들어 차근히 해결해 나간다.

문제 발견이 필요해

이전에 함께 일했던 조 부장이 나에게 했던 말이 떠오른다. "김 부장! 결과보다는 과정이 중요할 수 있어."라고 말했다. 숫자 성과만 중요하게 생각하는 나에게 돌려서 조언했던 거다. 인간관계 문제는 어느 날 갑자기 생기지 않는다. 몇 차례에 걸친 상호 간의 대화나 행동으로 서로를 알아챈다. 상대를 인식하고 판단하는 데 그다지 오랜 시간이 걸리지 않는다.

2023년 7월, 해외 생활 11년 차이다. 중국과 베트남 근무지에서 한국과는 다른 다양한 경험을 했다. 다른 문화, 환경, 상황, 시스템, 사고방식 등의 차이를 발견한다. 일하면서 문제가 생기면 재빨리 계획을 수정하고 개선하려고 노력한다. 내가 하는 결정은 대부분 돈과 연결된다. 응급실 의사는 환자의 상태를 빨리 판단하고 결정해야 한다. 생명과 직결되는 위급한 상황 때문이다. 나는 응급실 의사처럼 촌각을 다투며 일하지 않지만, 선택과 결정을 그만큼 중요하게 생각한다.

2023년 2월, 베트남으로 발령받고 온 지 만 4년이 지났다. 2년짜리 노동 허가서(취업허가증) 갱신 시점이었다. 비자는 주재원에게 거주 안정성을 위해 가장 중요한 필요조건이다. 2월 1일 자로 노동 허가서, 거류증 발급 기준법이 강화되었다. 세 번째 갱신인데도 베트남에 오래 거주했기에 신규 신청을 다시 하라는 통보였다. 신규 발급 허가 신청은 갱신 신청보다 구비 서류 가지 수도 많을 뿐더러 발급받으려면 시간이 오래 걸렸다. 나의 거류증 기한이 열흘 남은 상황이었다. 베트남 비자관리국으로부터 온 예상치 못한 통보였다.

구비 서류는 사본이나 pdf 파일을 인정하지 않기 때문에 한국으로부터 모든 서류를 원본으로 발급받아 대사관 확인 및 공증까지 받아야만 했다. 베트남 내에서 만 4년 넘게 체류했으니 베트남 법무부에서 범죄 사실 경력 증명서를 발급받아야만 한다고 추가 서류를 요구했다. 비자 대행사에 문의하니 법무국에서 증명서를 받는 시간이 2주에서 한 달까지 걸린다고 했다. 당장 비자 연장이 안 되면 출국해야 하는 상황이었다. 가까운 라오스나 캄보디아라도 국외로 나갔다가 다시 들어와야 했다.

하노이 법무국으로 아침 8시 통역직원인 탕과 함께 출발했다. 법무국에 도착했다. 입구에 들어서자 줄을 서라고 했다. 10m쯤 되어 보이는 대기자 줄에 섰다. 10분쯤 기다리자 내 순서가 돌아왔다. 컴퓨터 캠 앞에서 얼굴 사진을 찍고 지문인식을 하고 나자 번호표 출력물이 나왔다. 번호표를 가지고 건물 안으로 들어갔다. 건물 복도부터 사람으로 붐볐다. 지정된 사무실 안으로 들어가자 숨이 막힐 것만 같았다. 비좁은 사무실 안은 빽빽하게 사람들로 가득 차 있었다. 통역직원 탕은 순서가 아직도 많이 남아 있다고 했다. 전광판의 번호표 순서를 보니 이해할 수 없는 번호가 나오고 있었다. 3시간쯤 기다렸을 무렵 탕에게 접수대에 가서 상황을 알아보라고 했다. 탕이 접수대에 가서 문의해보고 돌아왔다. 이해할 수 없는 전광판의 숫자는 번호표 순서라고 했다. 내 번호표 숫자는 12,618이었다. 전광판 번호는 3,239. 내 앞에 대기자 숫자가 무려 9,000여 명에 달했다. 하루 처리할 수 있는 인원은 250여 명이라는 대답을 듣자 황당했다. 한숨만 나왔다. 얼마 지나지 않아 사람들이 구름 떼처럼 접수대 앞으로 몰려들어서 경쟁적으로 서류를 산처럼 쌓아놓았다. 내가 베트남어를 못 하니 통역직원에 의존하는 수밖에 없었다. 베트남 관공서는 영어가 통하지 않는다. 이유도 모르면서 현상만 지켜보려니 속이 터졌다. 전산 고장으로 순서대로 업무 진행을 할 수 없는 상황이었다. 질서는 이미 사라진 상태였다. 간신히 서류를 냈으나 전산 등록을 하고 왔어야 한다며 서류를 반려했다. 외국인인데 처리에 협조해 달라고 했지만 소용없었다. 기다린 시간이 무의미해졌다. 다음 날 다시 간다고 해서 해결될 일이 아니었다. 증명서 신청하는 시간만 한 달 걸리는 상황이었다. 국외로 출국하는 상황까지는 피하고 싶었다. 비자 대행사에 서류 발급 대행을 의뢰했다. 문제는 비자 대행사조차도 서류를 빨리 발급받을 방법이 없다는 회신이었다. 현지인의 도움이 필요한 상황이었다. 지사 현지 직원들 인맥을 동원해보기로 했다. 학교 친구나 인맥이 닿는 어떤 사람이든 관계자에게 부탁할 만한 사람이 있는지 방법을 찾았다. 이 방법이 아니면 다른 방법이라도 찾아야 했다.

일할 때는 이처럼 신중하고 다양한 방법을 찾아서 생각하고 방법을 찾으면서 일했다. 정작 나 개인의 인간관계 방식에 대해서는 깊이 있게 생각하지 않았다. 업무 수행하는 방식처럼 인간관계에서 생길 수 있는 감정이나 공감에 대해서 고민하고 노력하고 살았다면 그렇게 힘들지는 않았을 것을. 원인도 모르고 상대가 이상한 사람이라고 생각하거나 내 진심을 알아주지 않는다고 서운해했다. 얽히고설킨 이해관계를 이해해야 상대가 원하는 바를 정확하게 알아챌 수 있는데 인간관계를 단순하게 생각하고 낭패 보았다. 본질을 꿰뚫는 안목이 없었다. 사람의 감정을 업무 보듯이 살폈으면 좋았을 것이다.

메모하기 그리고 일기 쓰기

나는 내가 하는 행동이 무엇이 잘못됐는지 생각 못했다. 내 잘못은 없고 다른 사람 탓이라고 생각했다. 문제를 인식하지 못한 채로 시간이 지났다. 시간이 갈수록 점점 더 문제는 곪아갔다. 개선해야 할 타이밍을 놓친 거다. 머지않아 부메랑이 되어 돌아왔다. 곪은 상처를 베어내야 하는 지경까지 갔다. 직급이 올라가고 근속 연수가 올라갈수록 리더로서 자질을 의심받았다. 피라미드 구조의 회사 조직에서는 중심으로 갈수록 선택받는 자와 선택받지 못하는 자로 나뉘게 된다. 승승장구해 보이던 나는 밀려났다.

문제를 파악하는 데는 나와 타인의 감정을 이해하는 능력이 필요했다. 감정적인 지능은 문제 상황에서 어떤 요인이 영향을 미치는지를 파악하는 데 도움이 된다는 걸 독서하면서 알았다. 감정적 지능을 개발하기 위해서는 나 자신의 감정을 인식하고 이해하는 것부터 시작한다. 매일 조용한 시간을 가지고 나의 감정을 되짚어 보고, 어떤 일이 그 감정을 일으켰는지 생각했다. 처음부터 글쓰기가 쉽지 않았다. 수첩에 매일 일어난 일을 메모했다. 하루 이틀 메모가 쌓이자 글감이 쌓이는 효과로 돌아왔다. 일주일에 한 번씩 일주일 동안 쓴 메모를 정리하고 한편의 글을 블로그에 써보기로 했다. 메모와 일기 쓰기를 반복하자 바꿔야 할 나의 태도를 자기 암시 문장으로 만들었다. 매일 아침과 잠들기 전 기도하는 시간을 5분씩 정했다. 짧은 명상의 시간을 반복적으로 실행하면서 나는 나를 뒤돌아보며 반성하는 시간을 쌓아가고 있다. 지난 시간이 과거로 머물지 않고 경험으로 앞으로 살아야 할 방향과 태도를 정리해 가는 중이다.

4

어서 와 감사는 처음이지

"내가 누구인지는
내가 어떻게 생각하느냐에 달려 있다."

웨인 다이어

삶은 언제쯤 쉬워질까? 나는 한번 정한 목표와 기준은 어지간해서는 바꾸지 않았다. 편협한 자기 확신이었다. 인간관계도 모든 사람에게 같은 기준과 잣대로 대했다. 이전의 나는 사람마다 다른 기준으로 대한다는 건 평등에 반하는 행동이라고 생각했다. 예외라는 게 필요치 않았다. 주변을 돌아보면서 다른 의견과 관점을 둘러보지 못했다. 내가 알고 있는 정보가 최선의 선택지라 여겼다. 더 다양한 의견과 사례를 모으는 데 힘을 더하지 못했다. 간단하게 정리하고 나면 당장은 고민이 없어지고 나 자신을 안심시킬 수 있었기 때문이었다. 생각을 깊이 있게 하는 훈련이 되지 않아 선택을 고민하지 않기 위해 단순화하려고 했다. 선택은 쉬웠으나 결과는 복잡해졌다.

결핍에 집중하다

주장하려면 일관성 있는 주제문이 있어야만 외부로부터 어떤 영향이 오더라도 흔들리지 않을 수 있다. 그러기에는 내가 따르는 삶의 가치 몇 가지가 서로 상충했다. 안정감 있는 생활과 지속 성장과 도전이라는 상반된 의미의 단어가 내 일상에 중요한 가치로 존재했다. 안정을 추구하면서 도전과 성장을 하려니 조직에서 힘들 수밖에 없었다. 편안한 조직생활은 못할 팔자를 선택한 것이다. 내가 선택해 놓고 힘들다고 말해 봐야 귀 기울여 줄 사람은 없었다. 선택하는데 신중하지 못했다.

나는 결핍에 집중했다. 나에게 없는 것에 초점을 맞췄다. 채워 넣고 내 것으로 만들 수 있도록 노력했다. 결핍은 나를 성장에 더 매달리게 했다. 결핍을 보완하기 위해서 열심히 일했다. 지금으로부터 거의 20년 전에도 매일 밤 12시까지 남아서 야근하거나 철야 하는 경우가 흔하진 않았다.

감사 연금술

나는 가진 것에 대해서 감사할 줄 몰랐다. 나에게 있는 모든 일상의 것들이 당연하게 생각했다. 감사함을 모르는 것은 부정적인 현상으로 나타났다. 나의 상황에 불만족하고 불안해하는 경향이 높아졌다. 일상적으로 느낄 수 있는 기쁨과 만족을 놓쳤다. 스트레스와 불행을 더 많이 경험하게 되었다. 사소한 일에 대한 감사를 느끼지 못하다 보니 큰 성취가 아니면 하찮게 여겼다. 일상의 소중한 경험에 대해 하찮다고 생각하는 태도는 나 자신마저 하찮게 여기게 했다. 그런 생각이 나의 성장과 변화를 어렵게 했다.

나의 강점과 장점에 대한 인식이 떨어지게 되고 주저하는 태도는 발전과 성장 도전을 막았다. 감사함을 표현하지 않으면 주변 사람들과의 관계가 소원해지고 소외되게 된다. 도와줘봐야 고마운 줄도 모르는 사람이라고 평가된다. 긍정적인 마인드를 형성하기 어렵다. 긍정적인 태도와 관점이 부족하면 문제에 집중하고 불안을 더 많이 느끼게 된다. 따라서 감사함을 느끼고 표현하는 것은 정서적, 사회적으로 긍정적인 영향을 미치는 중요한 행동인데 그조차 깨닫지 못했다. 감사함을 느끼는 습관으로 일상적인 기쁨과 만족을 놓치지 않도록 노력하는 것도 중요하다는 것을 책을 읽고서야 알아챘다.

나는 내가 하는 생산업무가 디자이너나 MD로 취업한 동기들이 하는 일보다 하찮다고 생각했었다. 학교를 졸업하고 나서도 내가 원하는 패턴 모델리스트로 취업할 수 없었다. 남대문과 동대문 도매 시장 디자이너로 취업한 곳에서는 고된 나날의 연속이었다. 디자이너, 자재 담당, 패턴 검토, 영업 기획, 상품 기획, 테크니컬 디자이너, 생산 관리, 도매 시장 판매 전반을 시장에서 경험했다. MD가 되기 위해서 투자한 20대 9년 동안의 학교 공부 시간. 학교를 졸업하고 나서도 원하는 MD로 취업할 수 없었기에 선택한 생산 프로모션 디자이너 직무까지 나는 결핍을 채우기 위해서 살았다. 결핍은 내가 원하는 직무에서 일하기 위해서 고통도 참아

내게 했다. 보이지 않는 파랑새를 쫓듯 행복을 찾아 헤맸다. 현재에 충실한 삶. 지금 내 곁에 있는 행복한 삶을 몰랐다.

감정 폭발을 자주 했었던 이유는 낮은 자존감이 한몫했다. 나의 뜻과 다르게 해석하는 것만 같은 사람들에게 어떻게 해야 그들을 설득할 수 있을지 몰랐다. 떼쓰는 아이처럼 소리 지르고 발을 동동 굴렀던 거다. 화를 내거나 불같은 감정을 표출하는 사람은 사회 생활하는 데 있어서 경계해야 할 대상이 되는 지름길이다.

믿음이 삶의 질을 결정하게 마련이다. 내가 하는 일이 즐겁고 재밌다고 생각하면 즐겁다. 반면 지겹고 하찮은 일이라고 생각하는 순간 의욕은 지하 밑바닥까지 떨어져 버린다. 나는 내가 하는 일을 내 꿈에 다가가기 위한 과정으로 여겼다. 힘들다고 포기하지 않았다. 일하다 보니 잘할 수 있게 되었고 잘하게 되니 재미가 붙었다. 이동하는 직무는 하나같이 새로운 분야였다. 내가 원해서 이동한 자리였다. 개발하는 자리였다. 시스템과 프로세스 만들어 놓고 다음 단계로 이동해서 또 새로운 일을 하고 배웠다. 내 꿈을 이루기 위한 과정이기 때문에 꼭 거쳐야 할 과정이라고 여겼다. 브랜드 기획 MD 기획팀장이라는 목적지에 도달했지만 유지하지 못했다. 2016년 10월의 부서 이동의 의미는 내게 20년을 키워 온 자식 같은 '꿈'에 대한 사망 선고였다. 물거품처럼 사라졌다. 모든 목표를 향한 일상이 길을 잃었다. 갈 길을 잃어버렸기에 공허했다. 방향을 잃고 나는 모든 일에 오기만 부렸다. 쓸데없는 일에 오기 부리는 나로 인해 함께 하는 동료도 힘들었을 것이다. 내가 만들어 놓은 꿈이라는 틀이 깨지고 나자 열정은 식어버렸다. 뭔가를 찾아 헤매며 반짝반짝이던 눈빛은 초점을 잃었다. 목표는 온데간데없이 사라졌고 의욕을 잃었다. 어디로 가야 할지 모르는 길 잃은 방랑자가 되었다.

인생 여정은 태도가 결정한다

"행복은 삶의 어떤 목표나 도달해야 할 목적지가 아닙니다. 다만 나아가는 여정입니다. 좋은 관점과 애정을 가지고 한 걸음 한 걸음씩 나가는 자세에 달려 있습니다." 목적지 없는 독서를 이어가던 나는 『인생의 태도』라는 웨인 다이어 작가가 쓴 책을 읽은 후 달라졌다.

나는 실체 없는 목표를 향해 달렸었다. 내가 바라는 것, 필요한 것이 모두 내 안에 있다고 말하는 웨인 다이어 작가의 말에 마음이 움직였다. 생각하는 방식을 바꾼다면 얼마든지 원하는 바를 얻을 수 있다. 현재 내가 처한 상황이 어떤 상황이든지 나는 극복할 힘을 가지고 있다 알려주는 작가의 글에 숨만 쉬고 있는 심장에서 작은 불꽃이 피어올랐다.

일로 인해서 힘들기도 했고 사람과의 관계 때문에 곤란하기도 했다. 어렵고 힘든 시간은 고통스러웠다. 그런 고통은 나의 태도에 따라 경험이 될 수도 있고 고난이 될 수도 있었다. 타인뿐만 아니라 나 자신조차 믿지 못하는 의심병, 부정적으로 생각하는 습관, 상대를 배려하지 않는 조급한 생각, 나에게 있는 것을 감사할 줄 모르는 태도 등이다. 나의 문제를 해결해 줄 수 있는 책이 가장 좋은 책이다. 원인을 발견하고 파악하면서 힘들 수밖에 없었던 이유를 깨달았다. 비록 단숨에 깨닫고 성장할 수 없지만 조금씩 나를 발견하고 주변을 둘러보는 여유를 가져가는 일상과 친해져 가다 보면 성장할 수 있으리라.

5

보리밥과 쌀밥, 좋은 건 잡곡밥이지

"우리는 우리의 어려움에 의해 정의되지 않는다.
우리는 어려움을 이겨내는 방식에 의해 정의된다."

엘리자베스 2세

간절한 믿음과 열정

행복의 조건은 무엇일까? 좋아하는 일을 하면서 산다면 행복의 조건 중 상당히 중요한 부분을 충족하는 조건이다. 좋아하는 일을 찾는 건 보물찾기다. 보물찾기는 정해진 범위 안에 보물을 숨겨 놓고 숨겨진 보물을 찾는 놀이다. 보물이 숨겨져 있을 만한 곳을 먼저 살핀다. 보물찾기 장소가 숲속이라면 수풀 속을 뒤져 보물을 찾는 게 여간 어려운 일이 아니다. 도저히 찾을 수 없으면 포기해 버릴 수도 있다. 그래서 범위를 정하는 것이 중요하다. 학교 다닐 때도 시험공부를 할 때 범위를 확인하고 공부하는 것이 중요하다. 정해진 범위 안에서 시험 문제가 나오기 때문이다. 시험 범위가 너무 넓으면 공부하기를 포기해 버릴 수도 있다. 같은 맥락으로 내가 좋아하는 일을 찾을 때도 어느 정도의 범위를 정해 놓고 내가 도전할 수 있는 여러 가지 일에 도전하는 게 좋다.

1985년 5월, 한국 서울, 내가 초등학교 5학년 때였다. 학교에서 가까운 대모산으로 봄 소풍을 갔었다.

5학년 전체 학생들과 각반 담임 선생님들이 함께 갔다. 소풍 가면 빠지지 않는 장기자랑, 수건돌리기, 보물찾기 순서로 진행했다. 장기자랑과 수건돌리기는 반별로 모여서 놀았다. 보물찾기 놀이는 전체 학년이 모두 함께 찾는 게임이었다. 어디서부터 어디까지가 보물이 숨겨져 있는지 알 길이 없었다. 나무로 우거진 산속을 헤매면서 보물을 찾을 엄두가 나지 않았다. 나는 찾는 시늉을 하다가 이내 돗자리가 있는 장소로 돌아왔다. 은성이와 나는 돗자리 위에 앉아 남은 김밥을 까먹었다. 드문드문 "찾았다!"라는 소리가 들려왔다. 보물찾기 시간이 끝나고 난 뒤 모두 한자리에 모였다. 종이쪽지에는 선물 이름이 써 있었다. 1등, 2등, 3등에게 선물이 전달됐다. 딱히 나는 선물을 갖고 싶지 않았다. 김밥 까먹으면서 은성이와 수다 떠는 게 더 재밌었다.

좋아하는 일을 찾는다는 건 행복의 조건 중 큰 비중을 차지한다. 좋아하는 일을 찾는 방법은 어떤 것이 있을까. 개구리 왕자 동화에 개구리 왕자는 공주와 한 침대에서 잠을 자야 마법이 풀리는 저주에 걸렸다. 마법을 풀지 못한다면 개구리 모습으로 평생 개굴개굴 울다가 죽어야 했다. 공주 관점으로 보면, 실수로 황금 공을 우물에 빠뜨렸고 우물에서 건져야 했다. 공주가 할 수 없는 일을 개구리 왕자가 해주겠다고 제안한다. 공주는 황금 공을 찾아야 했기에 개구리 왕자의 제안을 받아들인다. 개구리와 한 침대에서 자기로 약속했다. 화장실 들어갈 때와 나올 때가 다르게 마음이 변한 거다. 흉측한 개구리와 한 침대에 잠잘 생각하니 끔찍했을 거다. 개구리 왕자는 공주의 아버지 왕에게 찾아갔다. 공주와 약속했던 사정을 이야기한다. 왕은 공주에게 약속을 지키라고 한다. 침대에 누운 개구리를 공주는 벽으로 집어 던져 버렸고 개구리 왕자에게 걸렸던 마법이 풀렸다. 직업이나 일도 개구리 왕자의 심정으로 찾아야 하지 않을까. 봉인된 마법이 쉽게 풀리지 않듯이. 세상에 내동댕이쳐지는 경험을 통해서 깨달음을 얻을 수도 있다. 우리 인생에 걸린 마법도 쉽게 풀어주지 않는다. 간절하게 구애하고 열정을 보여줘야만 봉인된 마법을 풀 수 있다.

좋아하는 일을 하다 보면 재미가 붙는다. 재밌는 일을 열심히 하다 보면 잘하게 된다. 잘하다 보면 신나게 할 수 있다. 일은 나에게 놀이였고 회사는 놀이터 같은 존재였다. 좋아하는 일을 하다 보면 몰입하게 된다. 몰입하다 보면 열정이 생겨서 일에 사랑과 에너지를 쏟아부을 수 있다. 어느새 창의력도 솟아난다. 위험을 감수해야 할 때도 있다. 혼자만의 만족으로 남겨져 쓸쓸하게 무대 뒤로 퇴장해야 할 때도 있다. 무대 뒤로 퇴장할 때 초라하게 생각할 수 있다. 초라하다고 생각했던 경험조차 성장의 발판이 되었다. 좁은 관점으로 상황을 보면 선택지가 하나뿐이라고 생각할 수 있다. 조금만 멀리 떨어져서 담담하게 상황을 지켜보면 좌절의 경험은 더 큰 성장의 기회가 된다.

내가 하는 일이 우주에서 가장 중요한 일이라고 생각했다. 남들이 볼 때 하찮게 여기는 일일지라도 나에게 가치 있고 중요한 일이라 생각하고 임한다면 나는 중요한 일을 하는 사람인 거다. 타인의 판단이나 잣대가 아니라 나 스스로 정한 기준에 따라 하찮아 보이는 일일지라도 가치 있고 중요하게 생각해서 그 일에 임한다면 성장과 성공을 할 수 있다. 만약 나의 기준이 없이 남이 하는 말에만 귀를 열고 살면 나는 사라지고 어느새 남에게 휘둘리는 공기 인형처럼 팔다리를 이리저리 휘저으며 우두커니 서 있는 공기 인형이 될 것이다.

행복의 조건

2013년 3월, 한국 서울. "저 이제 보리밥 그만 먹고, 쌀밥 먹어 보고 싶어요. 저 보내 주세요."

중국 법인으로 가겠다고 나는 본부장님에게 말했다. 본부장님은 내가 소싱 본부를 떠나는 걸 허락하지 않았다. 회사에서 신규 브랜드를 런칭하는 일이 자주 있는 일은 아니다. 더군다나 영 캐주얼 여성복 브랜드 기획팀장 자리가 나에게 오는 기회는 다시 오지 않을 기회였다. 놓칠 수 없었다. 나도 동기들처럼 기획팀에서 주도적인 의사결정을 하고 싶었다. 시즌 품평회도 하고 유럽, 일본, 홍콩 선진국으로 출장 다니고 싶었다. 소싱 본부에서 출장 다니는 곳은 중국 산동성, 광저우, 단둥이나 베트남, 인도, 개성, 평양 등 저개발 국가 낙후된 오지로만 다녔다. 나이가 마흔이 넘어서도 나는 꿈을 좇았다. 나에게 있는 것을 소중하게 생각하지 않았다. 내가 기획팀으로 첫 번째 이동할 수 있었던 시기는 2007년 하반기 무렵이었다. 외환위기가 몰아닥쳤고 회사는 급변했다. 소싱 본부로 다시 돌아왔고 2013년 신규 브랜드 기획팀 자리로 이동하기를 원했다. 기획 일을 해보지 않기 때문에 기획팀장 자리의 역할에 대해서 제대로 몰랐다. 기획업무는 이전에 내가 상상할 수 없을 정도로 여러 부서와 협의하고 설득해야 하는 자리였다. 그 당시 나는 생산업무는 보리밥이고 기획업무는 쌀밥이라고 생각했다. 거칠고 소화 잘 안 되는 보리밥 말고 깨끗하고 부드러운 쌀밥을 먹겠다고 했다. 기획업무 오래 했던 본부장님 눈에 내가 어떻게 보였을까. 말해 뭐하랴. 그래도 브랜드 런칭과 기획업무를 해보고 싶었다. 소싱 업무는 정해진 목표를 향해서 전진하면 되는 업무라면 기획업무는 주변을 두루 살피면서 여러 사람의 의견을 조율하고 설득과 협업을 끌어내야 성과 낼 수 있는 위치였다. 신체 장기와 비교하자면 심장 역할을 하는 부서가 기획팀이다. 허브 역할을 해야 하는 자리가 기획팀장이었다. 보리밥만 먹던 나는 쌀밥 먹겠다고 도전했다가 부드러운 쌀밥을 너무 먹어서 당뇨병 걸린 환자처럼 쓰러졌다. 병 걸린 나를 살려 주었던 건 그렇게 먹기 싫었던 보리밥 소싱 업무였다. 상해에서 쌀밥을 끊고 나는 하노이로 보리밥을 다시 먹으러 이동했다. 지금에 와서 보면 기획 일을 해봐서 더 이상의 미련이나 아쉬움은 일도 없다. 좋은 경험으로 기억된다. 상해에서 먹었던 쌀밥 덕분에 하노이로 온 이후 보리밥과 쌀밥 그리고 독서와 글쓰기, 책 쓰기라는 각종 곡물까지 섞어서 잡곡밥을 먹는다. 근사해 보이던 기획팀장 자리도 밖에서 보이는 모습이 다가 아니었다. 어떤 일이든지 쉬운 일은 없었다. 과정은 어렵고 고통이 따른다. 그러나 확실하게 배운 것은 하나 있다. 고통이라고 생각했던 경험이 지금은 오히려 약이 되어 나를 성장시켰다. 나의 부족한 점을 발견하고 좀 더 사고하고 분별하는 능력을 키워야 한다는 것을 배운다.

　사람마다 생각하는 행복의 조건은 다르다. 나는 일에 목표를 정하고 이를 달성하는 것에 자기 만족감과 행복의 의미를 담았다. 성취를 경험하면서 자신에 대한 믿음을 키웠고 만족감을 느꼈다. 더 나아가서는 삶에 의미와 가치를 느꼈다. 좋아하는 일, 꿈꾸던 일을 하면서 행복에 젖었다. 내가 하는 일에 의미를 부여하고 간절한 소망을 품으면서 꿈을 향해 도전했다. 나 개인의 가치관과 우선순위를 정해서 나의 필요와 욕구를 이해하고 일이라는 삶의 영역에서 만족과 행복을 추구했다. 도전에 성공하기도 하고 실패하기도 하면서 나는 성장해가고 있다. 보리쌀과 흰쌀에 독서와 글쓰기, 책 쓰기라는 잡곡을 넣어 잡곡밥으로 건강을 회복해 가고 있다.

6

크리스마스의 기적

"만약 달걀이 외부의 힘으로 깨지면 생명은 끝이 난다.
그러나 만약 내부의 힘으로 깨지면 생명은 시작된다.
위대한 일들은 항상 내부로부터 시작한다."

짐 퀵

행복의 맛

자기 목적성을 가진 사람은 원하는 일을 하는 것 자체가 이미 보상되기에 물질적 수혜라든가 재미, 쾌감, 권력, 명예 같은 별도의 특별한 보상이 없어도 몰입하게 된다. 보통 이런 사람들은 더 자율적이고 독립적이다. 한편으로는 자기 자신의 주변 모든 것에 관여한다. 자기 자신 삶의 흐름에 깊숙이 빠져들 줄 안다. 몰입하게 되면 시간 가는 줄 모른다. 집중력이 좋아져 다른 일에 정신을 팔지 않는다. 자기 목적성을 가진 사람이 반드시 더 행복한 것은 아니지만 복잡한 활동을 하고 있으므로 자신에 대한 만족감은 상대적으로 클 수밖에 없다. 행복을 느낀다고 반드시 만족하는 삶을 산다고 말할 수 없다. 중요한 것은 실력을 높이고 가능성을 채워 스스로 성장시키면서 행복을 맛보는 일이다.

　나는 옷 만드는 일을 한다. 옷을 떠올리면 즐거움과 행복이라는 단어가 연결된다. 옷이 날개라는 말이 있다. 사람들을 예뻐 보이게 하는 옷을 만드는 일은 보람 있다. 좋은 거 예쁜 거만 생각하며 일할 수 있다. 나는 내가 하는 일을 사랑한다. 내가 하는 일을 감사하게 생각하는 몇 가지 이유가 있다. 나는 성격이 예민하고 호기심이 많다. 도전에 겁을 내지도 않는다. 단지 실패를 두려워하기 때문에 사전 점검을 많이 한다. 사전 점검과 조사를 많이 하는 습관은 오랜 세월 일하면서 얻어진 학습 결과물이다. 무슨 일을 하든지 꼼꼼하게 살펴야 안심이 된다. 실패를 최소화해야 한다는 것이 나의 생각이다. 좀 더 젊었을 때는 나의 꿈을 향한 도전에 겁이 없었다. 앞으로 닥칠 어려움과 고난이 어떤 일이 벌어질지 가늠할 수도 없었기 때문에 용감했다. 일을 시작해서 몰입하는 과정을 즐긴다. 작은 일 하나씩 성취해 나아가는 즐거움은 생각보다 짜릿했다. 눈에 보이는 성과가 나서 안정 궤도에 접어들면 지루해진다. 반복적인 일에 싫증을 잘 내는 나의 성격에 패션 일은 최적이었다. 패션은 날씨 변화에 따라 옷을 바꿔 입기 때문에 시즌별 신상품을 내놓아야 한다. 같은 옷을 똑같이 내놓을 수도 없다. 잘 팔리는 상품은 몇 시즌을 연달아서 만들기도 하지만 하다못해 작은 디테일이라도 바꿔줘야 한다. 상품 기획에서 생산, 유통까지 전반을 경험했다. 한 회사를 오래 다녔기에 가능한 일이었다. 성장 욕구가 강한 나에게 회사는 여러 가지 일을 할 수 있는 기회를 주었다.

2006년, 12월 24일 밤 10시 35분.

컴퓨터 모니터를 뚫어지게 쳐다보았다. 마우스가 잘 움직이지 않아서 마우스로 책상 위를 '탕탕탕!' 쳤다. 내 마음처럼 잘 움직여지지 않는 마우스에 짜증이 훅 올라왔다. 넓은 사무실에는 나 혼자 남아 있었다. 히터가 꺼졌는지 발목이 서늘했다. 문득 한기가 느껴져서 고개를 들었다가 등 뒤 저 멀리 사무실 벽에 걸린 벽시계를 향해 거북이가 목을 빼듯 쭉 목을 빼서 보았다. 목 어깨가 뻐근했다. 컴퓨터 모니터를 오랜 시간 쳐다봐서인지 시계를 보려고 애써 눈을 가늘게 뜨며 시계 초침을 확인했다. 밤 10시 35분. 머릿속이 멍하다. "뭐야! 벌써 시간이 이렇게 흘러 버렸네! 어쩌냐 이거 내일모레까지 보내야 하는데…." 밤을 새워서 작업을 마무리해야 시간에 맞춰 보내는 게 가능할 듯했다. 모니터 화면 속으로 쏟아질 듯이 다시 고개를 박고 마우스를 이리저리 움직이며 도식화를 그렸다. 시간이 얼마쯤 지났을까? 눈꺼풀이 무거웠다. 고개를 돌려 시계를 확인했다. 새벽 2시가 넘었다. 자리에서 일어나 양팔을 쭉 펴고 기지개를 켰다. 양팔을 둥글게 앞뒤로 돌려보고 허리를 돌려보기도 했다. 졸음을 깨어 보려고 화장실로 가서 찬물에 양쪽 눈을 물로 적셔주고 입안을 헹구었다. 한결 잠이 달아난 듯했다. 정수기 앞으로 가서 커피를 탔다. 맥심 블랙커피를 3스푼쯤 넣고 컵을 정수기 온수 입구에 대고 힘주어

눌렀다. 펄펄 끓는 듯한 온도의 뜨거운 물이 컵에 내려오자 커피 알갱이가 천천히 컵 속을 커피색으로 물들였다. 검은색 컬러 물감이 퍼져나가는 듯했다. 종이컵에 고개를 숙이고 숨을 깊게 들이마셨다. 진한 커피 향에 머리가 깨어나는 듯했다. 다시 자리에 앉았다. 크리스마스 이브날이었다. 성탄 전야라서 직원들은 평소 보다 서둘러 퇴근했다. 혼자 남은 밤이었다. 크리스마스 날에는 선사가 휴무라서 하루 일할 수 있는 시간이 있으니 선적 일정에 맞춰서 보낼 수 있었다. 크리스마스 아침까지 마무리해야만 했다. 진한 블랙커피 덕분인지 잠은 저 멀리 도망갔다. 또렷해진 정신으로 다시 모니터를 쳐다보았다.

"드르르, 드르르." 휴대전화기 진동음이 요란하게 울렸다. 엄마였다. "너 지금 몇 신줄 알아? 밖에 눈 와~! 언제 오려고 그래?!" 엄마 전화에 고개를 들어 창밖을 보았다. 새카만 창문 밖에 흰 눈발이 펄펄 날리는 모습이 보였다. 나는 창가로 가서 회사 건물 앞 도로가에 줄지어 있는 가로등 불빛에 날리는 눈발을 잠시 바라보았다. 영화의 한 장면같이 예뻤다. 성취감 같기도 한 것이 알 수 없는 묘한 감정이었다. 26일 선적할 제품의 택팩을 완성하고 Full Pattern을 정리하고 Invoice, Packing list 세관 신고 서류까지 마무리했다. 이미 동은 트고 있었다. 어스름하게 해가 밝았다. "달각달각." 엘리베이터와 사무실 사이 중간 문 열리는 소리가 들렸다.

"김 대리! 오늘도 밤새운 거야?! 눈 많이 왔어!" 사옥 건물 관리 반장님이었다. 입사한 지 이제 1년쯤 되었던 반장님은 마치 아버지처럼 매번 나를 걱정하셨다. 컴퓨터 전원을 끄고 가방을 챙겨 로비 층 엘리베이터 버튼을 눌렀다. 엘리베이터 도착을 알리는 초인종 소리가 경쾌하게 느껴졌다. 지하 1층 로비를 거쳐 밖으로 나갔다. 멀리 눈으로 덮인 도로가 보였다. 새하얀 커버로 정리된 뽀송뽀송한 침대 같았다. 본사에서 선릉역까지 걸어가는 길. 아무도 걷지 않은 새하얀 선정릉 길을 나는 한 발자국씩 조심스레 딛으며 걸었다. 뽀드득뽀드득 소리는 마치 길을 내는 사람이라는 묘한 성취감이 느껴졌다. 선릉역 사거리 즈음 도착하자, 크리스마스 캐럴이 어디선가 들려왔다. 아무도 나에게 밤을 새우며 일하라고 시킨 사람은 없었다. 그런데도 나는 시간 가는 줄 모르고 일하곤 했다. 일이 재미있었고 성과 내고 싶었다. 가끔 선정릉 둘레길을 떠올릴 때면 새하얗고 뽀얀 길 위를 걸으며 들리던 뽀드득뽀드득 소리가 귓가를 간지럽힌다.

마음을 통제하는 힘

『몰입의 즐거움』 미하이 칙센트 교수의 책의 내용을 빌자면, 자기 목적성을 가진 사람들에게서 공통으로 발견되는 특징이 있다. 지칠 줄 모르는 에너지를 가지고 있다는 점이다. 남들보다 마음의 여유가 많은데도 주위에서 일어나는 일에 더 많은 관심을 기울이고 남들보다 더 많은 걸 알아차리며 눈앞의 이익을 생각하지 않고 자기가 그저 좋아서 하는 일에 많은 시간을 투자한다. 에너지 보존의 법칙처럼 보통은 자기의 관심을 아껴 두었다가 심각한 일, 중요한 일에만 조금씩 에너지를 배분한다. 나를 풍요롭게 만드는 일에만 관심을 쏟는다. 내가 에너지를 쏟아부을 만한 가치가 있는 대상은 자기 자신이다. 또한, 나에게 물질적, 정신적 도움을 조금이라도 줄 수 있는 주변 가족, 친구, 동료나 일거리가 에너지를 투입할 만한 가치가 있는 존재가 된다. 몰입하는 사람으로 변했다는 것을 『몰입의 즐거움』을 읽고 이해했다. 밤샘을 밥 먹듯이 하면서도 묘한 성취감에 짜릿한 희열을 느꼈던 것을 사람들에게 말할 수 없었다. 다른 사람들은 이런 나의 태도를 이해하지 못했다. 미하이 교수의 『몰입의 즐거움』 책에 제시된 몰입의 사례를 읽으면서 일을 하면서 성취감을 느꼈던 이유도 알았다. 특출한 머리를 가지고 있지도 않은 사람이 알아주는 사람도 없고 도와주는 이도 없었지만 스스로 집중하여 자기 미래를 개척할 수 있는 능력을 만들어 준 것이 몰입이었다. 미하이 교수의 책을 읽고 나는 마음을 통제하는 힘을 키워 한 단계 올라서는 몰입을 경험하고 싶어졌다. 지난날의 나의 경험을 되짚어 보면서 성장의 비밀을 한 수 배웠다. 바로 독서의 힘, 크리스마스의 기적이다.

⑦

너 자신을 알라

"너 자신을 알라."

소크라테스

　나의 성격을 알고 이해해야 한다. 지나온 과거, 나의 발자취를 점검한다. 나의 성격을 형성한 요소와 나의 인생에서 반복적으로 재발하는 패턴, 주로 부정적인 패턴을 발견해야 한다. 발견한 부정적인 행동이나 말에 대해서 점검하고 수정한다. 수십 년을 살면서 쌓아온 습관을 한두 번에 바꾸는 건 불가능하다. 부정적인 패턴을 인식하고 나면 행동과 말을 고칠 희망이 생긴 거다. 이전에 내가 하던 부정적인 말이나 행동을 의식적으로 멈출 수 있다. 부단한 노력이 필요하다. 노력으로 자신의 부정적 태도나 말을 긍정적으로 바꿀 수 있다. 약한 부분을 장점으로 바꿀 수 있다. 반복연습으로 긍정적인 새로운 습관이나 패턴을 몸에 익힌다. 점점 조금씩 변화는 일어나고 긍정적인 생각과 태도로 성격과 일상을 긍정적으로 만든다.

나를 알다. 메타인지

메타인지란, 자신의 인지 과정에 대하여 한 차원 높은 시각에서 관찰·발견·통제하는 정신 작용을 말한다. 내가 무엇을 알고 무엇을 모르는지 깨닫는 건 중요하다. 내가 모르는 것이 무엇인지 냉정하게 판단한 뒤 이를 채우기 위한 또 다른 계획을 구상하는 일련의 과정이 메타인지와 연관돼 있다. 교육 분야에서 메타인지는 중요하게 다룬다. 현재 나의 능력을 객관적으로 바라보고 지금 시점에 어떤 노력을 하면 좀 더 성장할 수 있는지를 빠르게 파악하고 적절한 시간과 노력을 기울이면 효율성이 높아진다. 이런 능력은 성인이 되면서 자연스럽게 향상된다. 메타인지는 인간이 스스로 성찰할 수 있는 능력으로서 인간 자신의 인지 활동에 대한 지식과 조절 능력이라고 한다. 소크라테스의 "너 자신을 알라."가 바로 메타인지다.

자기 자신의 성격 가장 깊은 곳을 보는 연습을 한다. 내가 내향형인지 외향형인지 점검한다. 자신이 강한 불안감이나 예민함, 적대감, 분노 등 감정에 휘둘리는 편인지 파악한다. 사람들을 만나고 싶은 욕구가 있는지 알아야 한다. 내가 자연스럽게 끌리는 활동이나 주제, 나의 본능 성향을 파악한다. 내 부모와 형성한 애착의 성질과 그것을 가장 잘 알 수 있는 인간관계를 살펴봐야 한다. 자기 자신의 발목을 붙잡는 실수나 패턴을 정직하게 들여다보고 뭣보다 나의 한계를 직시한다. 어떤 상황에서 내가 최선을 다하지 않고 멈추는지 아는 것이 중요하다. 생각하다 보면 나의 강점, 약점이 발견된다. 이러한 나의 성향을 파악해 보면 더는 자기 자신을 가둬 두지 않아도 된다.

2021년 10월, 베트남 하노이

"서평은 어떻게 쓰는 거예요? 지안 님 쓰셨던 서평 있으면 보여주세요!"

'닥.책.모' 온라인 독서 모임을 운영하면서 받았던 질문이다. 캐나다에 사는 독서 모임 회원의 딸이었다. 대학교 1학년이던 제인의 질문이었다. 어릴 때부터 캐나다에서 자란 제인은 한국어, 영어, 불어가 유창했다. 그런 그녀가 독서 모임에서 책을 읽고 서평을 어떻게 써야 하냐고 물었다. 글쓰기를 나에게 물었다. 순간 깨달았다. 내가 책을 읽는 방법을 알려줄 수는 있지만 글쓰기를 알려주기에는 부족했다. 나야말로 글쓰기 공부가 필요했다. 나의 부족한 점을 발견하게 되면서 내가 알려주고 도와주기 역부족이었다. 독서 모임을 잠정적으로 쉬어야겠다고 생각하게 된 계기 중 하나이다.

2022년 2월, 베트남 하노이에서 나는 글쓰기 공부에 점점 빠져들고 있었다. 독서하고 깨달은 바를 글로 쓰는 훈련을 하기 전에 어떻게 쓰는지 배우는 과정이 필요했다. 자이언트 책 쓰기 수업에 입과 해서 첫 번째 책 쓰기에 도전했지만 다섯 꼭지를 쓰고 멈췄다. 부정적인 감정을 여전히 해소하지 못한 내가 보였다. 아무리 안 그런 척해도 나를 속일 수는 없었다. 입과 후 1년이라는 시간이 흐르고 있었지만 나는 책 쓰기에 재도전할 엄두를 내지 못했다. '서평 쓰는 독서 모임 천무'는 2주 동안 선정 도서를 읽고 독서 모임 시간에 온라인 서평을 쓰고 업로드까지 완료하는 서평 쓰는 독서 모임이다. 지난 6년 동안의 독서 근력 훈련으로 책을 읽는 건 어렵지 않았다. 문제는 글쓰기였다. 천무 독서 모임 규칙대로 서평 쓰는 방법 틀에 맞춰 글을 쓰니 한결 글쓰기가 수월했다. '천무'를 경험하기 전까지 서평 쓰는 방법이 정해져 있지 않았다. 주로 경험 위주로 내가 읽은 책의 내용을 빗대어 일상생활에 어떻게 적용할지 고민해서 글을 썼다. 한 편의 서평을 작성하는 시간이 서너 시간씩 걸렸다. 책을 읽는 시간만큼 서평 글을 쓰는 시간이 오래 걸렸다. 한 편의 글을 쓰는 데 에너지 소진이 많이 됐다. 글을 쓰고 나면 방전됐다. 의지로 쓸 수 있는 게 아니었다. 일단, 쓰는 방법을 몰랐고 글을 쓴 후에 내 감정에 빠졌다. 지난 과거를 회상하면서 그때 기억 속으로 빠져들어서 감정에서 헤어나오기 힘들었다.

2022년 4월, 베트남 하노이, 코로나 19, 3차 백신까지 접종했다. 서방 국가에서 코로나 19 봉쇄가 조금씩 풀리고 있었다. 내가 있는 베트남도 해외 출입국이 한정적으로 풀렸다. 나는 여전히 하노이 밖을 나갈 수 없었다. 온라인으로 '나다움 찾기' 세미나에 참여했다. 나의 인생 하프 타임은 언제인가? 내가 좋아하는 일과 잘하는 일은 무엇인가? 과거를 돌아보고 내가 어떤 선택을 하면서, 어떤 사람을 만났고, 어떤 책임을 졌는가? 나답게 사는 것은 어떤 삶인가? 그때가 왜 가장 나답다고 생각하는가? 내가 가장 중요하게 생각하는 인생의 가치는 무엇인가? 핵심 가치 다섯 개를 적어보라. 나를 표현할 수 있는 단어 열두 가지를 쓰라. 자기답게 사는 것이 무엇인지 등의 질문에 답하는 과정을 경험했다. 나는 살아온 과거에 대한 성찰에 조금씩 다가갔다.

나를 알면 찐 내가 보여

자기 자신을 알면 자신의 강점과 약점을 인식할 수 있다. 개인적인 성장과 발전에 도움이 된다. 어떤 성장 방향으로 바꿔 발전해 나아가야 할지 가늠할 수 있다. 자기 자신을 이해하면 자신의 가치와 자신감을 높일 수 있다. 부족한 부분을 공부하고 채워갈 수 있다. 아주 작은 도전을 하면서 작은 성취를 거듭하다 보면 나도 해낼 수 있다는 자신감이 생긴다. 자신과 다른 사람 사이의 관계를 개선하고 효과적으로 소통할 수 있게 된다. 자기 자신을 잘 알면 무엇이 진정으로 나에게 중요한지 파악하고 삶의 목표를 설정하는 데도 도움이 된다. 나를 알게 되면서 이전보다 의미 있는 선택을 하게 된다. 나에게 가치 있고 의미 있는 선택은 인생의 부족한 부분을 집중해서 공부할 수 있게 했다. 비록 삶 전체가 순식간에 변하는 기적은 일어나지 않는다. 다만 삶을 재정비하고 도전할 용기를 준다. 어떤 자기 계발에 더 집중하는 것이 좋은지 가늠할 수 있게 된다.

적자생존

"세이노의 가르침, 피보다 진하게 살아라."

세이노

"우리는 생각하는 대로 된다." 자라면서 내가 먹은 것과 입는 것이 지금의 나를 만든다는 말이 있다. 바로 내 생각이 중요하다는 의미다. 내가 무슨 생각을 하고 선택지 중에서 어떤 선택을 하느냐에 따라 길이 달라진다. 외부 환경은 상관없다. 단지 영향받을 수 있을 뿐이다. 나의 상황에 따라서 외부 환경에 영향을 받는 선택을 할 것인가, 아니면 외부 환경이 아니라 자기 자신 생각과 기준에 따라 선택할 것인가가 다른 결과를 만들어 낸다. 내가 행하는 모든 일은 생각에서 시작하고 나의 행동이 결국 방향을 바꿀 수 있다. 생각은 선택의 결과물이다.

기록하는 대로 된다

나폴레온 힐의 『기록하면 이루어진다』 책에는 13가지 성공 법칙과 6단계 실천 방법을 구체적으로 설명한다. 『나폴레온 힐 성공의 법칙』, 『나폴레온 힐 부와 성공의 열쇠』, 『생각하라. 그리고 부자가 되어라』 책에서 '기록'을 주제로 따로 떼어내어 발간한 요약 책이 나폴레온 힐의 『기록하면 이루어진다』다. 기록이 얼마나 중요하면 벽돌 책에서 기록과 관련한 주제만 따로 떼어내어 책으로 만들었겠는가. 책에서는 성공 법칙 13가지를 소개한다. 열망, 믿음, 자기 암시, 전문 지식, 상상력, 체계적인 계획, 결단, 끈기, 조력 집단의 힘, 전환의 수수께끼, 잠재의식, 뇌, 육감이다. 열세 가지 중 나는 몇 가지를 가지고 노력해 왔는지 지난 경험을 되짚어 보았다. '기록하면 이루어질 것이다. 모든 결과는 자기 자신의 선택에 달려 있다.'라고 책은 말한다.

시간을 내 편으로 만들어

1996년 전문대학 의상과를 2월에 졸업했다. 학업을 이어서 하고 싶었다. 교수님과 조교님들은 모두 방송통신대 편입을 권했다. 어차피 최종 학력 석사학위를 받는 게 앞으로 더 도움 될 거라 조언했다. 교수님의 조언은 이미 선배 졸업생들 다수가 방송대 편입 후 졸업학점 이수를 하고 대학원 진학해서 석사학위를 받은 사례가 많다고 알려주었다. 교수님들 조언에 따라 나는 대학원 진학을 최종 목표로 정했다. 방송통신대학교에 편입했다. 4년제 대학을 편입해서 졸업하고 대학원으로 진학하는 길이 가장 현실적으로 내가 선택할 수 있는 최선이었다. 학교만 다닐 수 있는 여건이 아니었기 때문이다. 회사 다니면서 4년제 대학 인정 졸업장을 받으려면 어렵지만 가야 할 길이었다. 방송통신대학교에 3학년 편입을 선택했다. 한 학기 등록금 교재비 포함 17만 원이라는 저렴한 학비는 나에게 행운이었다. 이때부터 독학 습관이 생겼다. 회사 다니면서 교육과정 이수까지 실기시험과 이론 시험을 통과하기에 학업량이 만만치 않았다. 그래도 나는 2년 이내에 졸업해야만 했다. 내 목표대로라면 스물아홉 살 이전에 석사학위를 받아야만 했다. 얼굴을 보면서 수업하는 게 아니라서 방송수업과 교재, 테이프만으로 공부해야 했다. 새벽 4시에 일어나서 새벽 첫차 버스를 타고 출근했다. 회사에 출근해서 사무실 청소하고 앉아서 아침마다 한 시간 반씩 공부했다. 밤 12시가 돼서야 퇴근했다. 몸은 힘들고 피곤했으나 공부를 포기할 순 없었다. 회사 다니면서 번 돈은 학비로 사용했다. 대학원 진학을 위해서 스물다섯 나이에 화실에 등록해서 입시 미술 실기시험을 1년간 준비했다. 디자인대학원 입시를 위해서 실기시험을 준비해야 했기 때문이다. 화실 원장님은 순수미술을 계속 공부하기를 권했다. 그러나 내가 목표한 길과 달랐기에 나는 내 목표를 바꾸지 않았다. 대학원만큼은 패션계에서 인정받는 디자인 대학교에 진학하고 싶었다. 이때부터 40대 중반까지 나의 삶은 새벽 별 보기 운동의 연속이었다. 하루 4시간 이상 잠을 못 잤다. 젊기도 했고 열정이 있었기에 가능했다. 뭣보다 꿈이 있었다. 교과목 중에 시간 관리 과목이 있었다. 나는 지금도 이때 시간 관리 이론을 배우게 된 것을 신께 감사할 정도이다. 이때 배운 시간 관리 방법대로 나는 27년이 지난 지금껏 시간 관리 노트를 쓴다. 당시에는 시간 관리 관련한 다이어리가 없어서 양지사에서 나오는 다이어리 노트에 줄자로 선을 긋고 칸을 만들어서 시간대별로 매일의 일과 학업 계획, 실행 결과, 반성을 기록으로 남겼다. 그 습관은 지금까지 실행하는 습관이다. 이후에는 프랭클린 다이어리, 3P 바인더, P.D.S 다이어리 등 형태는 조금씩 달랐지만, 맥락은 같은 시간 관리 도구 노트이다. 그 당시 배웠던 시간 관리 지식과 같은 맥락의 노트를 시중에서 사서 사용했다. 시간 관리 노트 덕분에 학업을 무사히 목표대로 마칠 수 있었다. 목표했던 대로 스물아홉 살에 나는 석사학위까지 받을 수 있었다. 기록하면서 나는 매일 다짐했다. 그리고 의심하지 않았다. '나는 브랜드를 런칭할 것이고 기획 MD가 되어 내가 하고자 하는 일을 할 것이다.'라고 자기 확신과 자기 암시 문장을 만들어 쓰고 기도했다. 그런 자기 암시를 글로 쓰고 반복하면서 생각하지 않았다면 나는 나의 뇌를 속일 수 없었을 것이다. 졸업학점을 따기 위해서 선택했던 공부 덕분에 나는 예상치 않았던 행운을 잡았다. 행운을 만드는 실행인 줄 몰랐다. 해야 하니까 했을 뿐이다. 덕분에 도전할 용기를 낼 수 있었다. 시간 관리 노트는 평생의 동반자로 함께하고 있다. 매일 매일 자기 확언을 쓰고 아침과 밤마다 되뇌었다. 나의 꿈을 기록하고 앞으로 1년, 5년, 10년, 20년 뒤의 목표를 기록으로 남겼다. 27년이 지난 지금 나는 그 당시 내가 꿈꿨던 대로 안정된 직장에서 일하고 있다. 지난 30년 가까이 살면서 인생 목표에 돈이 없었다. 꾸준히 공부하고 일하다 보면 돈은 따라온다고 누군가에게 들었다. 돈에 관해서 그 말은 사업가에게 해당하는 말이었다는 걸 그땐 몰랐다. 나는 직장인이기에 성공과 부의 기준으로 보는 큰돈이 나를 따라올 수 없다. 내가 선택한 길에 돈은 없었기 때문이다. 안정적인 환경이 우선이었다. 그래도 내 인생에 만족할 수 있는 일에 대한 열정과 몰입 덕분에 지금껏 잘 지낼 수 있었다. 나는 그 시절 자기 암시로 만들었던 문장대로 되었다. 소름 돋는 부정할 수 없는 사실이다.

자기 확언과 자기 암시 효과

　무의식의 세계는 강력하다. 생각은 현실이 된다. 얼마 전 읽었던 책 『마음 가는 대로 해라』에 나온 에피소드이다. 어떤 사람이 은행에서 30여 년을 근무하다가 부지점장으로 퇴직했다. 아무리 노력해도 지점장 승진을 못 하고 부지점장으로 퇴직했다. 퇴직한 그에게 놀라운 일이 생겼다. 퇴직 후에 집에서 쉬면서 어린 시절 초등학생 때 물건들을 발견했다. 그 시절 본인의 일기장을 찾은 것이다. 일기장에서 본인이 어린 시절 써놓은 미래 꿈을 발견했다. '미래의 꿈: 은행 부지점장'. 어린 시절의 꿈으로 노트에 써 놓은 부지점장이 현실로 이루어진 거라니. 알 수 없다. 무의식 속에 부지점장으로 머물고자 했던 계기나 의도가 있었을 수도 있다. 그러나 중요한 메시지는 글로 쓰고 뇌리에 박힌 일은 반드시 이루어진다는 것이다. 강력한 경험 혹은 반복되는 행동이나 생각, 이 두 가지만이 장기 저장 기억으로 보내는 방법이다. 노벨 경제학상에 빛나는 대니얼 카너먼 교수의 책『생각에 관한 생각』에 실험으로 증명한 내용이다. 시스템 1 습관 장착을 무엇으로 하느냐에 따라 우리는 생각을 실현하는 사람과 그렇지 않은 사람으로 나뉜다. 강력한 충격적인 일이 아니라면 매일매일 반복적으로 글로 쓰고 머릿속으로 외우는 잦은 반복 행동이 뇌에 장기 저장시키는 최고의 방법이다.

 "생각하는 대로 된다.", "기록하는 대로 된다." 자기 자신의 목표를 기록하고 기록된 목표를 자기 암시로 만든다. 자기 확언으로 만들고 글로 쓴다. 이는 자기 자신의 뇌를 매번 상기시키는 효과가 있다. 뇌를 상기시키게 되면 목표를 달성케 하는 데 도움이 된다는 믿음이다. 목표를 기록함으로써 더 명확한 목표와 인식을 강화할 수 있다. 목표에 집중할 수 있게 만들어준다. 이를 통해 더 큰 동기부여와 성취감을 얻을 수 있다. 경계해야 할 것은 단순히 적기만 한다고 해서 목표를 이룰 수 있는 것이 아님을 잊지 말아야 한다. 그 목표를 달성하기 위해 노력하고 적극적으로 실행하는 행동력이 중요하다. 행동까지 끌어낼 수 있는 트리거가 열정이다. 지치지 않는 에너지를 끌어내기 위해서 끈기를 발휘할 수 있도록 기록하는 것은 시각적으로 도움 되는 행동이다.

◆ ◆ ◆

제 4 장

오늘보다 나은
내일을 위한
도전

1

한 끗 차이 발상의 전환

"모든 상황과 모든 일에서 긍정적인 태도를 유지하고,
시도를 멈추지 말고, 실패해도 멈추지 않는 믿음을 가져라."

아누라그 프라하시 레이

긍정적인 결과를 만드는 방법

긍정적인 사람은 일상의 사소한 인간관계에서도 고마움을 표시한다. 당연하다는 태도를 찾아볼 수 없다. 상황에 주도성을 갖고 적극적으로 대처하며 책임감 있는 태도로 행동한다. 또한, 긍정적인 사람들은 주변 사람들에게 관심과 배려를 가지고 대한다. 타인과의 긍정적인 관계를 형성하는 데도 노련하다. 새로운 일을 시도하거나 경험과 배움을 환영한다. 실수를 배움의 경험과 기회로 여긴다. 자기 자신을 인정하고 존중하며, 부정적인 상황에서도 자신과 긍정적으로 대화한다. 긍정적인 사람들은 문제를 해결하는 데에 긍정적인 방식으로 접근한다. 어려움이 닥칠 때도 긍정적인 생각으로 해결 방법을 찾는다. 안 좋은 상황일지라도 자기 자신을 믿고 어려움을 헤쳐나갈 수 있다는 자기 확신과 믿음이 있다. 현재의 어려운 상황에도 긍정적인 생각과 태도로 선택할 때 긍정적인 방향으로 선택하게 된다. 그들은 스스로에 대한 자신감이 있다. 미래에 긍정적인 결과를 얻을 수 있을 것이라 믿는다.

『노희영의 브랜딩 법칙』의 저자 노희영 대표의 인터뷰를 본 적이 있다. 인터뷰에서 진행자는 노희영 대표에게 질문했다. "직장생활 이전에 개인 사업도 하셨고 대기업 임원으로 직장생활도 오래 하셨잖아요. 현재는 사업을 하고 계시고요. 직장 다녀 보면 회사에서 칭찬도 없이 압박받고 힘들 때 있잖아요. 칭찬도 없이 일할 때 일할 맛 안 나잖아요. 그럴 때 어떻게 견디셨어요?" 나는 일반적인 대답을 상상했다. 노희영 대표의 대답은 반전이었다. "회사는 냉정합니다. 필요 없는 사람은 내보내게 되어 있어요. 도태되어 스스로 나가게 하든지 아니면 조직에서 방출됩니다. 내가 아직 회사에 다니고 있다면 그 사실 자체가 칭찬입니다." 조직 생활하는 직장인이라면 누구나 언젠가 퇴직하게 되어 있다. 칭찬이 없어서 의기소침해지기보다 내가 하는 일이 조직의 목적과 목표에 부합하는지 살피고 방향에 맞는 도전을 하는 것이 긍정적인 태도이다.

긍정적인 태도의 시작은 감사하다 생각하는 태도의 전환이었다. 독서하기 이전의 나는 결핍에 집중했다. 나는 학력이 부족하니까 학력 스펙을 만들기 위해 노력했다. MD가 되기 위해서 소재를 잘 모르니까 시장조사 많이 하고 옷을 많이 입어봐야 했다. 오랜 시간과 노력이 필요한 도전이었다. 30년 동안 결핍에 집중한 일상은 건조하고 팍팍했다. 목표를 달성하기 위해서 당연히 거쳐야 하는 과정이라고 생각했다. 막상 목표에 도달했다고 생각할 무렵 생각했던 목표가 물거품처럼 사라지는 순간을 맞이했을 때 지난 삶이 통째로 의미 없어지기도 했다. 그 시기에 밑바닥에 떨어진 자존감을 끌어 올려준 생각이 '감사'하는 마음과 태도였다. 아침에 눈 뜨고 일어나서 잠자리를 정리할 수 있는 건강에 감사합니다. 책을 읽을 수 있는 눈이 있음에 감사합니다. 해외에서 일할 수 있는 경험과 기회에 감사합니다. 가족들이 건강함에 감사합니다. 마음을 나눌 수 있는 친구가 곁에 있음에 감사합니다. 글을 쓰면서 삶을 되돌아볼 생각과 태도로 변화할 수 있게 되어 감사합니다. 아침 감사 주문을 외운다. 당연한 건강, 당연한 숨쉬기, 가족이 언제나 당연하게 곁에 있는 존재라는 생각을 멈췄다. 이 세상에 당연한 결과는 없다. 누군가의 노고로 지어진 집에 살 수 있고, 식당 운영하는 분들 덕분에 한국식 점심을 먹을 수 있고, 미용실이 있어서 커트할 수 있다. 내 주변의 일상 속에 감사한 것들을 찾아보려 눈을 돌리자 감사하지 않은 것이 없었다. 긍정적인 태도가 중요하다는 걸 알기 이전, 독서하기 이전에 나는 대인관계가 세상에서 가장 어려웠다. 지금도 대인관계가 편하고 좋기만 하지 않으나 이전의 나보다는 한결 덜 긴장하고 어떻게 해야 할지 몰라서 우왕좌왕하지 않는다. 나 위주의 사고에서 나와 연결된 다른 사람들의 상황과 위치를 고려하려 애쓴다. 미래에 대한 부정적 생각을 멈추고 현재 내가 가진 것에 감사하자 심리적 안정을 찾았다. 긍정적인 태도 변화를 위한 시작은 현재 나에게 있는 사소한 일상의 감사부터 시작이다.

긍정적인 태도 효과

긍정적인 태도는 신체의 건강뿐만 아니라 정신 건강에 도움이 된다. 자기 효능감이 향상되어 도전에 용기를 낼 수 있고 성공적인 결과를 끌어내는 데 도움이 된다. 긍정적인 태도는 어려움을 극복하고 목표를 달성할 가능성을 높인다. 긍정적인 태도는 이렇다.

첫 번째, 일상 속에서도 작은 것들에 감사하고 긍정적인 면을 발견하려는 노력을 기울인다. 매일 하루를 마무리할 때 그날 있었던 긍정적인 경험을 돌아보면 도움 된다. 메모와 일기 쓰기가 효과적이다.

두 번째, 문제가 발생하더라도 긍정적인 해결책을 찾고, 미래에 긍정적인 결과를 기대하는 낙관적인 사고를 기른다. 긍정적인 해결책은 마음의 여유를 가지면 더 효과적으로 생각이 열린다.

세 번째, 자기 자신에게 긍정적인 말을 건네며 자기 존중과 자기애를 키운다. 부정적인 자기 대화를 긍정적인 대화로 바꾸는 노력을 한다. 나는 할 수 있다. 나는 이미 내가 원하는 걸 갖고 있다고 자기 암시를 뇌에 보낸다.

네 번째, 상황에 적극적으로 대처하고 책임을 지고 행동한다. 뒤를 돌아보는 대신 미래에 집중하고 새로운 기회를 찾아 나서는 것이 중요하다. 나의 현재와 미래에 가질 것을 이미 갖고 있다고 생각하는 것이다.

다섯 번째, 스트레스를 효과적으로 관리하고 긍정적인 마인드 셋을 유지하는 방법을 찾는다. 명상, 운동, 취미 등을 통해 스트레스를 해소할 수 있다. 자기 확언과 걷기 운동, 수영으로 도움받고 있다.

여섯 번째, 새로운 경험과 배움을 환영하며, 실패를 배움의 기회로 삼는 것을 지향한다. 계속해서 자기 성장에 노력한다. 실패해서 땅바닥에 주저앉았다 해도 실패를 통해서 배운 것을 챙긴다. 배운 것을 씨앗 삼아 다른 방법으로 재도전한다. 같은 방법으로 재도전하는 것은 같은 결과를 낳을 뿐이다.

일곱 번째, 타인과의 대화와 상호작용에 긍정적인 태도를 유지하려고 노력한다. 격려와 칭찬을 주는 습관을 들이는 것도 좋은 방법이다. 원활한 인간관계가 다라고 할 정도로 중요한 태도이다.

여덟 번째, 유쾌한 일들과 즐거움을 찾으려고 노력하며 긍정적인 경험을 즐기는 방법을 찾는다.

긍정적인 태도의 방법들을 실천함으로써 일상생활에서 감사를 알게 되고, 긍정적인 영향력을 더욱 넓힐 수 있다. 감사하는 긍정적인 생활 태도를 글로 적어보면서 일상의 변화를 경험하게 되었다. 천천히 습관으로 만들어나가며, 긍정적인 태도를 강화하는 데 집중하면 스트레스를 줄이고 정신뿐만 아니라 신체적으로도 균형이 생기고 밝은 에너지 반응이 나타난다. 면역력 향상에 도움이 되어서인지 코로나도 걸리지 않았다. 긍정적인 감정과 경험은 더 높은 삶의 질을 경험했다. 문제를 대하는 태도는 적극적인 대응과 창의적인 해결 방법을 도출하는 데 도움이 됐다. 자기 효능감은 올라가고 목표를 더욱 효과적으로 도달할 수 있도록 생각을 움직이고 일에서도 성공적인 결과를 끌어내었다. 상호 호환하는 인간관계를 만들어서 원활한 소통을 돕는다. 긍정적인 감정의 경험은 내적 만족감을 느끼게 하고 행복을 느낄 가능성을 높인다. 주변 사람들에게 긍정적인 영향을 미치고 타인에게 격려와 도움을 주는 사람으로 바뀌어 가고 있다.

어서 왜! 독서와 글쓰기는 처음이지?

2

공감과 경청으로 만렙 성장

"듣는 자가 온전히 듣는다면
듣는 자가 깨닫는 자가 된다."

프타호텝

    사람들이 나를 좋아하도록 만드는 방법이 있다. 그중 잘 듣는 사람이
되는 거다. 다른 사람들이 나에 대해서 긍정적인 이야기를 하게 만들면
된다. 상대가 하는 이야기를 주의 깊게 듣고 다른 사람의 관심사에 맞춰
이야기한다. 경청과 관찰이다. 다른 사람에게 자신이 중요한 사람이라
고 느끼게 만들면 된다. 진심으로 듣고 반응해야 한다. 역사적으로 가장
먼저 발달한 학문은 수사학이라 한다. 수사학이란 다른 사람을 설득하고
그에게 영향을 끼치기 위한 언어기법을 연구하는 학문으로 고대 아리스
토텔레스 이후 발달하기 시작하여 중세에는 문법 · 논리학과 더불어 가
장 중요한 학과였다라고 전한다. 수사학은 현대에 이르러서는 정확한 전

달과 설득을 위한 모든 수단을 살펴보는 기능으로 인정된다.

　2019년 2월, 베트남 하노이로 발령 나서 온 뒤로 낯선 도시의 삶을 시작했다. 강윤원 지사장과는 신규 상담을 통해서 업무를 시작했다. 그는 30대 초반 젊은 나이에 지사장이 되었다. 처음에는 '젊은 사람이 진급을 빨리했네.'라고만 생각했다. 중국 북경에서 대학을 졸업한 인재로 중국어가 유창하다고 전해 들었다. '영어도 잘하고 중국어도 잘하니 인재라서 발탁되었나?'라고 여겼다. 보통 처음 상담할 때 만나면 업무 이외에 특별히 할 말이 없다. 특히 업무 말고 다른 말은 불필요하다는 생각이다. 상담을 마치고 커피 한 잔을 마시게 되었다. 강 지사장은 나에게 시간이 남을 땐 무슨 일을 하냐고 물었다. 본인은 아이가 아직 어려서 주말이면 가족과 함께 시간 보내는 경우가 대부분이라는 대답이었다. 얼마 전 재롱잔치에 갔었던 에피소드를 이야기해 주었다. 가정적인 남편이자 아빠라는 걸 이내 알 수 있었다. 나는 주로 근무 외 시간은 책을 읽거나 글을 쓴다고 대답했다. 강 지사장은 내게 어떤 책을 읽느냐고 물었다. 나는 주로 자기계발서를 읽는다고 대답했다. 그는 책에 대해서 이런저런 질문을 진지하게 물었다. 나는 책에 관심이 많다고 생각했다. 뭣보다 내가 빠져 있는 독서에 대해 질문을 하니 신이 나서 말했다. 대화를 이어가다 보니 나도 강 지사장에게 질문하게 되었다. 베트남 오기 전에는 어느 나라에 있었냐고 물으니 중국 상해와 한국에서 근무했다고 했다. 중국 북경에서 대학을 졸업하고 상해에서 몇 년 있었다고 하니 반가웠다. 그때부터 이야기꽃을 피웠다. 상해 어디는 어떻고 요즘은 어떤지 추억 팔이 하듯이 대화했다. 솔직한 성격의 강 지사장의 성품과 태도가 마음에 들었다. 빠른 업무 조치와 경쟁력 있는 가격 조건의 장점도 있는 데다 영업팀장의 태도가 믿음직했다.

2023년 7월, 강 지사장과 상담하는 날이었다. 개인 책이 언제 나오는지 나에게 그는 물었다. 책 집필도 시작 못했다고 대답하면서 나는 몹시 부끄러웠다. 주변에 책 쓴다고 떠벌리고 실행하지 못하는 나 스스로에 대해서 깊은 반성의 시간을 갖게 되었다. 나는 강 지사장에게 어떻게 그렇게 다른 사람 말을 잘 들어 주고 기억하냐고 물었다. 그의 대답은 의외였다. "제가 하는 일이 보통 만나면 어색하게 할 말이 없습니다. 그래서 뭔가 상담으로 만나게 되는 분들에게 취미를 묻곤 합니다. 물론 뭣보다 중요한 것이 있습니다. 먼저 저를 다 내보여야지요. 영업하는 사람은 속옷 빼고 다 벗을 각오로 나를 드러내야 영업할 수 있다고 저희 사장님이 항상 말씀하십니다. 하하하!" 나를 먼저 보여주고 상대의 관심사에 최대한 진정성 있는 관심을 보여주는 태도가 데일 카네기『인간관계론』에서 말하는 대화를 잘하는 손쉬운 방법이었구나 하고 무릎을 쳤다.

2023년 1월, "카톡 메시지를 읽어봐. 내가 봤을 때 너는 주의력이 부족한 거 같아."

나는 평소 점심 식사를 옆 사무실 윤아와 함께한다. 친구는 매주 화요일과 목요일 점심시간에 운동하러 간다. 운동하지 않는 다른 요일에는 외부 일정이 없으면 점심 식사는 친구와 함께한다. 정신없이 바쁜 월요일을 보내고 수요일 점심이었다. 어디서 먹을 건지 그녀에게 카톡을 보냈다. 12시가 되도록 내가 보낸 문자를 확인하지 않았다. 이상한 생각이 들었다. 12시 10분이 돼서야 친구 사무실로 찾아가 보니 친구는 없었다. 연락이 닿지 않아 나는 혼자 식사하러 나갔다. 말도 없이 가버렸다고 생각했다. 섭섭한 감정이 내내 느껴졌다. 12시 30분이 돼서야 윤아에게 전화가 왔다. "야! 나 수요일로 운동 바뀌었다고 오늘 운동이라고 말했잖아!" 나는 지난 일요일 카톡을 찾아보았다. 윤아 말대로였다. 심지어 나는 알겠다고 대답까지 했다. 나는 내가 글을 읽을 때 주의력이 부족하다는 걸 독서 하고 글쓰기를 하면서부터 인식하게 되었다. 누군가와 대화하는 내용을 신경 써 기억하려고 노력한다. 기억력에 의존하기보다 노트에 기록하는 습관이 있다. 업무는 이메일로 기록을 남긴다. 그런데도 사소한 친구와의 약속이나 일정에 대해서 놓치는 일이 생긴다. 기억해야 할 일이 많아질수록 기억으로 감당하기 어렵다. 집중하는 일이 있거나 정신 팔리는 일이 있으면 더 잘 잊는다. 이전보다 나아지고 있지만 뭐 하나에 집중하고 빠져들면 다른 것에는 등한시하는 습관을 고치려 노력 중이다. 나 스스로 나의 부족한 부분을 고치려고 애쓴다는 사실만으로 변화할 희망은 있다.

경청과 관찰이 이로운 이유

　경청과 관찰을 습관화하게 되면 자기 자신의 일상뿐만 아니라 타인과의 상호작용을 개선하는 데 도움이 된다. 이로운 점 일곱 가지를 소개한다.

첫 번째, 다른 사람들과의 대화에서 경청과 관찰을 통해 상대방의 의견을 존중하고 이해하게 된다. 이는 좋은 대인관계를 형성하고 유지하는 데에 도움이 된다.

두 번째, 효과적인 의사소통을 가능케 한다. 상대방의 말을 주의 깊게 듣게 되고, 그들의 언어와 몸짓을 관찰함으로써 의사 전달과 이해가 원활해진다.

세 번째, 자기를 더 잘 이해하고 발전시키기 위해 경청과 관찰은 중요하다. 자신의 감정과 행동을 관찰하고 다른 사람들과의 상호작용에서 얻은 피드백을 반영함으로써 자기 성장에 도움을 준다.

네 번째, 관찰을 통해 문제의 원인과 패턴을 파악할 수 있다. 경청을 통해 다른 사람들의 관점과 아이디어를 수렴할 수 있다. 이는 더 효과적인 문제 해결을 가능케 한다.

다섯 번째, 관찰을 통해 주변의 사물과 사람들을 더 깊이 이해하고 배울 수 있다. 새로운 지식을 습득하는 데에도 경청과 관찰이 중요한 역할을 한다.

여섯 번째, 주변의 환경과 사람들을 관찰하고 경청함으로써 창의적인 아이디어와 상상력을 더욱 풍부하게 발휘할 수 있다.

일곱 번째, 다른 사람들을 경청하고 관찰하면서 그들의 감정에 공감하고 지원할 수 있다. 이는 서로 간에 더욱 긍정적인 관계를 형성하는 데 도움이 된다.

관찰과 경청해야 하는 이유는 타인과 상호작용에 효과적인 수단이기 때문이다. 사람과 사람 사이에서 생기는 문제 해결과 결정에 도움이 된다. 자기 계발과 성장을 촉진하는 촉매제 역할을 한다. 효과적인 의사소통과 지식 습득을 가능케 하고 타인에 대한 이해와 공감을 높인다. 원활한 대인관계를 위한 감정적 지원과 도움을 제공하는 데에 중요한 요소다. 누군가와 대화 할 때 상대의 관심사에 진심으로 공감하는 태도를 보인다면 상대와의 대화가 즐겁다. 『인간관계론』 책에서 언급한 경청과 관찰을 일상생활에 조금씩 적용하면서 섣부른 말과 행동을 줄여가고 있다. 내가 말하기보다 상대의 이야기에 귀를 기울이는 연습을 오늘도 한다. 수십 년 된 습관을 바꾸는 건 노력해도 여전히 어렵다.

3

정말 잘 지내고 있니? 물어보기

"내가 글을 쓰는 이유,
종이는 사람보다 인내심이 크기 때문이다."

안네 프랑크, 『안네의 일기』

나에게 물어봐

　나를 만난다는 의미는 어떤 것일까? 나와의 대화는 자기 자신을 더 잘 이해하게 되고 자기의 감정, 목표, 가치에 대해 생각하게 한다. 이를 통해서 개인적인 성장과 발전에 도움이 된다. 말이나 글로 감정을 표현하는 것은 중요하다. 감정을 펼쳐 놓고 인지하기에 가장 좋은 방법으로 최고는 글쓰기다. 스트레스를 해소하고 나의 감정 상태를 파악할 수 있다. 스트레스 감정의 원인을 알고 나면 행동이 바뀔 수 있기에 감정을 통제하게 된다. 나에게 스스로 질문하고 대답하는 글쓰기를 하다 보면 새롭게 태어나는 또 다른 나를 만난다. 책을 읽고 생각을 글로 쓰다 보면 나 스스로 인식하지 못했던 나의 행동 패턴을 발견한다.

분노 감정 회오리가 몰아치면 마구잡이로 밖으로 분출했다. 사회생활에서 특히나 조직 생활에서 치명적인 약점이었다. 나와 상대방 양쪽 모두 정신 건강에 부정적인 영향을 끼쳤다. 화를 내게 되는 당시의 상황이나 화내고 난 이후의 상황을 뒤돌아보면 득이 된 것이 전혀 없다. 오히려 마이너스 요인으로 작용했다. 사람을 잃었다. 업무적으로 부딪쳐서 내가 감정을 폭발하게 되면 상대나 나나 서로 감당할 수 없는 지경까지 이르게 되었기 때문이다. 화를 내는 모습을 본 사람은 누구든 웬만해서는 나와 부딪치기를 피했다. 이런 상황에서 소통될 리가 만무했다. 아무리 나의 주장이 옳고 논리적으로 맞다 해도 듣고 싶어 하지 않았다. 내가 상대의 감정을 살피지 않고 자기 자신의 생각대로 대화를 시도하다 보니 감정이 상하게 되는 경우가 생겼다.

2016년 8월에 독서를 시작했다. 상해에서 살 때 집은 침실 한 칸, 작은 거실, 주방, 파우더룸과 욕실이 있는 67m²짜리 오래된 작은 아파트였다. 좁은 집에 테이블이라고는 식탁 한 개뿐이었다. 책상은 식탁으로 대신했다. 독서를 해야 한다는 생각만 했다. 독서를 해야 성공할 수 있다는 말을 좇았다. 새벽 4시에 일어나서 책을 읽었다. 독서하면서 점과 같은 얕은 지식을 얻게 되었다. 점들을 선으로 연결 짓지 못했다. 이때 나의 독서는 호기심 많은 구경꾼이었다. 독서를 통해서 어떻게 변할 수 있는지 알지 못했다. 책 쓰기 선생님은 강의 때마다 글쓰기 연습으로 일기 쓰기를 강력하게 추천했다. 일기를 쓰라는데 나도 일기를 쓰면 글쓰기 실력이 늘까? 속는 셈 치고 일기를 쓰기 시작했다. 하루 중 기억에 남는 에피소드를 메모했다. 문장이 어려우면 단어만이라도 메모했다. 일상에서 내가 부정적으로 생각하는 일들이 이렇게 많구나. 분노라는 감정은 참는다고 해서 참아지지 않았다. 분노 감정이 왜 일어나는지 원인을 나열했다. 기록을 시작하자 이유가 보였다. 원망스러운 상황과 타인을 향한 비난의 말이 쏟아져 나왔다. 한동안 쓰다 보니 부정적인 이야기가 지겨워졌다. 지루한 걸 못 참는 나의 성격이 이 부분에서는 장점으로 작용했다. 부정적 생각은 되도록 멀리하고 끓어오르는 감정은 생각을 통제하기로 마음을 바꿔 먹은 후로 분노가 올라오지 않았다. 나의 감정은 어떤지 스스로 질문했다. 예전 같았으면 감정적으로 맞받아쳤을 일에도 부정적인 감정은 올라오지 않았다. 나는 멀리서 여유롭게 보는 상황을 바라보는 연습을 일기를 쓰면서 했다. 이전에 화가 났던 이유의 근본적인 감정을 찾아냈다. '억울함'이라는 키워드를 발견했다. 상대가 나의 선의의 뜻을 알아주지 않았을 때의 감정이었다. 섭섭한 감정이 올라오면 나는 먼저 나에게 말한다. 나의 섭섭한 감정도 인정하기로 했다. 나 스스로 나를 보듬어 주었다. 일기 쓰다 말고 양팔로 나의 몸을 끌어안고 운 적도 있다. 내가 나를 끌어안는 행동만으로도 위로가 되었다. 심지어 눈물이 쏟아지고 엉엉 울기까지 했다. 내가 미친 건가? 생각이 들기도 했다. '괜찮다. 괜찮다! 설명하고 이해시키면 된다. 만약 그도 안 먹히면 거기까지다.'라고 생각했다. 추가적인 에너지 소모는 멈추기로 했다. 상황을 객관적으로 바라봤다. 일기를 썼기 때문에 가능한 생각의 발전이었다. 웨인 다이어의 『인생의 태도』 감정 통제 명언 덕분이다. 타인과 감정적으로 부딪칠까 두려워서 일하는 데 멈칫하지 않는다. 명확한 목표를 두고 계획을 세우고 실행하며 수정하기를 쓰면서 거듭할 뿐이다. 궁둥이 팡팡! 나를 토닥이면서 아침을 맞는다.

미러링 대화

　나와의 대화는 어떻게 하는 걸까. 자기 자신과 대화 하는 것은 자기 이해와 성장에 도움이 된다.

　첫 번째, 자기에게 시간을 할애해야 한다. 조용한 장소에 앉아서 자기에게 시간을 갖는다. 나는 서재를 만들었다. 서재에 앉아서 책을 읽고 글을 쓰는 행위는 나를 만나는 가장 좋은 시간이다. 외부의 방해를 최소화하고 내면에 집중할 수 있는 환경을 만들고 난 후 정리되는 일상을 경험하게 되었다. 두 번째, 나 자신에게 질문한다. 자신에게 궁금한 점이나 고민거리를 질문 형태로 쓴다. 답을 손쉽게 찾을 수도 있고 그렇지 않을 수도 있다. 생각하는 과정을 통해서 새로운 생각을 얻기도 한다. 예를 들면 "내가 무엇을 원하는 걸까?" 또는 "지금 느끼는 감정은 무엇일까?"와 같은 질문을 한다. 질문을 통해서 나의 감정을 점검하고 상황을 인지하는 힘을 키울 수 있다. 세 번째, 질문에 솔직하게 대답한다. 자기에게 거짓말을 하지 않고 솔직한 감정과 생각을 표현하는 것이 중요하다. 네 번째, 감정을 인정한다. 자기에게 느끼는 감정을 인정하고 부정적인 감정도 받아들인다. 그 감정을 왜 느끼게 되었는지를 이해하고 받아들이는 것이 중요하다. 다섯 번째, 긍정적인 자기 대화를 가질 수 있도록 노력한다. 부정적인 자기 대화를 긍정적인 것으로 바꾸기 위해 노력한다. 자기 자신을 격려하고 긍정적인 면을 발견하는 데 집중하다 보면 위로받는 신기한 경험을 하게 된다. 여섯 번째, 성장과 개선을 위해 계획을 세운다. 자기와의 대화를 통해 발견한 점들을 바탕으로 개선해야 할 부분이나 목표를 설정하고 성장을 위해 계획하다 보면 성장하는 느낌을 받게 되고 재미를 얻을 수 있다. 마지막으로, 일기를 쓰는 것이 효과적인 나를 만나는 방법이다. 일기를 쓰면서 자기와의 대화를 기록해보는 것도 좋은 방법이다. 일기를 통해 일상 속에서 느끼는 감정과 생각을 정리하고 자기에게 더 가까워질 수 있다. 일기 쓰기 시작했다. 일기는 짧은 메모를 기록하기도 하고 어느 날은 장문의 글을 썼다.

고통은 성장의 증거

자기와의 대화는 자기 이해와 성장을 도모하는 데 도움이 된다. 주변의 평가나 외부의 영향에 휘둘리지 않고, 솔직하고 친절하게 자기 자신과 대화하는 시간은 나의 민낯을 만나는 고통의 시간일 수도 있다. 그러나 고통의 시간을 통해서 나는 나를 제대로 보게 되고 인식했다. 괴롭고 고통스럽다면 성장하고 있다는 증거이다. 그것이 자기에게 더 나은 이해와 평온을 가져다줄 것이다. 타인을 내가 원하는 대로 고칠 수 없다. 나도 나를 변화시키기가 어려운데 어떻게 타인을 바꾸겠는가. 나와의 대화를 통해서 나를 변화시킬 수 있다. 미러링 글쓰기가 일기 쓰다. 스트레스 원인을 파악하고 적절하게 대처할 수 있는 대응 방법을 미리 생각한다. 목표를 명확히 설정하고 목표를 달성하기 위한 계획을 세운다. 나 자신은 나에게 친밀한 관계다. 가족과 친밀하다 보니 감정 교류가 빈번하게 일어나는 것과 비슷한 맥락이다. 나 자신과 친해지면 자기 자신과 솔직하게 대화하게 되고 자기에 대해서 자세히 살피게 되니 이해하게 되고 나 자신을 보듬어 줄 수 있다. 자기 자신을 격려하고 응원하는 목소리를 들으면서 남과의 비교, 경쟁이 아니라 오로지 나를 살피고 나의 내면을 단단하게 만들 수 있다. 지금 만나야 할 사람이 있다면 그 사람부터 만나야 한다. 그 사람은 바로, '나'이다.

4

하노이 물개를 향한 박수

안 되는 이유가 너무 많아

1990년 5월, 고등학교 1학년 1학기 체육 시간이었다. 학교에는 수영대회를 개최해도 될 정도로 큰 수영장이 있었다. 유치원 다닐 무렵 수영장에서 튜브를 타고 놀다가 튜브 아래로 몸이 빠졌다. 물을 먹고 허우적대다가 구출된 적이 있다. 이후로 물이 무서워서 수영에 도전하지 않았다. 중간고사 시험은 자유형으로 트랙을 왕복하는 거였다. 한 반에 학생 수가 60명이었다. 떼 지어 물속에 들어가서 호흡을 배우고 킥 판을 잡고 발차기를 배웠다. 수영을 잘하는 친구들은 물개처럼 앞으로 치고 나갔다.

나는 수영이 아니라 수중 에어로빅하는 것처럼 힘겹게 물속을 걸어 다녔다. 점수를 받아야 하니까 억지로 숨을 참았다. 무호흡으로 트랙을 돌았다. 숨이 막혀서 중간중간 멈출 수밖에 없었다. 수영 수업을 마치고 얼마 지 않아서부터 밥을 먹는데 턱이 아팠다. 음식을 씹을 때마다 통증이 느껴졌다. 나는 수영 수업 몇 번이 지나고 나서야 내가 물속에 들어갈 때 이에 힘껏 힘을 준다는 걸 알아챘다. 물이 무서운데 들어가야 하니까 긴장한 몸의 반응이 어금니를 무는 행동으로 연결됐다. 얼마나 긴장을 했던지 나는 한동안 음식을 제대로 먹지 못할 정도였다. 이후로 사회생활을 하면서 수영장에 가서 수영을 배워볼까 하고 도전했었다. 그러나 번번이 실패했다. 물에 대한 공포는 쉽사리 사라지지 않았다.

2017년 6월, 중국 상해에서 수영을 배워보려고 재도전했다. 상해 푸시 집 근처에 시민체육관이 크게 있었다. 나도 운동을 하려고 체육관에 등록했다. 체육관에서는 배드민턴, 수영, 스피닝, 헬스 등등 다양한 운동을 할 수 있었다. 첫날 스피닝을 등록해서 수업에 참여했다. 불운하게도 스피닝 수업 첫날 자전거 바퀴 속도 조절을 못해서 왼쪽 무릎이 앞으로 꺾이는 사고가 났다. 한동안 무릎 재활 운동을 해야 했다. 다친 무릎에 무리가 되지 않는 운동으로 코치는 수영을 추천했다. 나는 수영 그룹 코치 수업을 등록했다. 여전히 나는 물의 공포를 극복하지 못했다. 물속에 머리가 잠기는 순간 온통 세상이 어두워지고 공포가 엄습해 왔다. 꼭 수영을 배우고야 말겠다는 의지는 없었다. 그냥 한번 해볼까. 수영 잘하면 재밌을 거 같다는 생각만 했을 뿐 결단하지 않았다.

2019년 1월 베트남 하노이로 와서 집을 구할 때 베트남 아파트에 있는 수영장이 매력적이었다. 베트남은 기후가 덥다 보니 아파트마다 수영장이 있다. 실내 수영장과 여러 가지 운동 시설이 있는 피트니스 센터가 있는 아파트가 눈에 들어왔다. 나는 피트니스 센터가 좋아서 임대 집을 계약했다. 베트남에 와서 운동은 꼭 꾸준히 하기로 마음먹은 터라 피트니스 센터에서 러닝머신을 주로 탔다. 자유 이용 회원권을 등록했기 때문에 수영장도 가끔 갔다. 한 달쯤 지났을 무렵 러닝머신을 타고 있는 나에게 베트남 코치가 다가왔다. PT를 권했다. "누나! 뚱뚱하다! 뚱뚱해!" 나의 미적지근한 반응에도 베트남인 어린 코치는 못하는 한국말로 끈질기게 PT를 권했다. 안 그래도 살쪄서 신경 쓰이는데 베트남 코치는 나에게 뚱뚱하다고 일침을 쏘았다. PT 수업을 받기로 했다. PT 운동은 평일에 하고 주말에 혼자 수영장에서 호흡과 관계없는 배영을 하며 물놀이를 즐기고 있었다. 수영은 안 하고 물놀이만 했다. 어쩌다 다른 사람들이 수영하는 것을 보고는 나도 시도했다. 수영장 물속에서 허우적대는 나를 발견한 코치가 말을 걸었다. 어린 베트남 코치가 어린아이들 수영 개인 교습하는 모습을 이전에도 본 적 있었다. "누나! 안 돼! 나 나 나 수영 코치!!" 한국어 단어만 말할 줄 아는 젊은 코치는 나에게 수영을 배우라고 했다. 뭔 소린지도 모르는데 배울 수 있을까 실패할까 걱정스러웠다. 처음으로 일대일 개인 수영 교습으로 배웠다. 코치는 생각보다 체계적으로 잘 가르쳤다. 후에 알고 보니 코치는 진짜로 베트남 청소년 국가대표 수영 선수 출신이었다. 단점은 내가 20대라고 생각하는지 국가대표 훈련이라도 시킬 태세로 연습을 많이 시켰다. 매번 나는 손사래 쳤다. "못해! 못 한다고! 이놈아 누나 힘들어! 내가 너희 엄마랑 나이가 비슷할 거다!" 알아듣지도 못하는 코치에게 한국말로 답했다. 그때마다 코치는 순박한 웃음을 지으며 팔을 앞으로 휘저으며 "고고!"를 외쳤다. 호흡, 킥, 스트로크, 턴 하는 방법을 순서대로 배웠다. 자유형, 평영, 배영, 접영을 배웠다. 자유형 호흡을 배우는 시간이 가장 오래 걸렸다. 2019년 2월부터 1년 동안, 아침 다섯 시 반에 일어나 한 시간 수영하고 출근했다. 수영 수업은 일주일에 두 번 했다. 1년간의 개인 강습으로 나는 하노이 물개가 되었다. 새벽 수영할 때면 청소하는 엠 어이(나보다 나이 어린 사람을 칭하는 베트남어)가 내가 수영하는 걸 지켜보다가 엄지손가락을 치켜 올려주곤 했다. 나는 우쭐한 생각에 물살을 크게 가르는 평형을 하기도 했다. 손뼉 쳐 주는 엠 어이 덕분에 신이 나서 더 열심히 했다. 수영을 매일 할 수 있는 환경으로 만들고 매일 아침 일정한 시간에 한 시간씩 연습했다. 코치가 알려주는 방법대로 따라 했다. 못 알아들은 코치의 베트남말은 유튜브 수영 채널을 찾아서 보고 배웠다. 배운 것을 매일 아침 적용하면서 연습하다 보니 나는 어느새 자유형으로 쉬지 않고 트랙을 스무 바퀴도 돌 수 있는 사람이 되었다. 자유형은 특히 호흡과 발차기, 팔 돌리는 동작의 균형과 타이밍이 중요하다. 균형을 잃는 순간 물속에서 힘의 저항을 받게 되면 에너지가 많이 들고 오랜 시간 수영할 수가 없다. 몸에 힘을 빼고 편안하게 힘을 배분해야 한다. 여유 있는 마음으로 물을 무서워하지 않고 물속을 여행 중이라고 생각한다. 자유롭게 유유히 물속을 잠영할 때면 마치 하늘을 나는 느낌이 들 때도 있다. 팔과 다리가 끊임없이 움직여야만 앞으로 나갈 수 있는 수영은 마치 항상 뭔가를 배우는 자기 계발러 같았다. 운동을 마치고 일기에 그날의 운동 방법과 수영하면서 느꼈던 감정을 남겼다.

성공하는 사람들의 비밀

성공의 정의를 무엇으로 정하느냐에 따라 성공 경험은 달라진다. 대단한 성공을 꿈꾸면 꿈꿀수록 다가가기 어렵다. 매일 달성할 수 있는 작은 목표를 세우고 실행하면서 작은 성공 경험을 쌓아갈수록 성공에 다가갈 수 있다. 작은 목표일지라도 지치지 않고 꾸준히 실행할 방법은 무엇일까. 성공하는 사람들의 비밀은 다양하며 개인마다 조금씩 다르다. 그러나 일반적으로 성공하는 사람들은 몇 가지 공통된 특성과 습관이 있다. 성공하는 사람들의 일반적인 비밀과 특성 몇 가지를 정리해보면 이렇다. 첫 번째, 명확한 목표 설정을 한다. 성공하는 사람들은 구체적이고 현실적인 목표를 설정하고 이를 달성하기 위해 노력한다. 목표를 분명히 하고 그에 맞춰 계획을 세우는 것이 중요하다. 두 번째, 자기 스스로 동기부여가 되어야 한다. 성공한 사람들은 자기 자신 스스로 동기를 부여하고 긍정적으로 사고한다. 어려운 상황에서도 자신을 격려하며 긍정적인 에너지를 유지하는 습관이 필요하다. 세 번째, 꾸준한 노력과 헌신이다. 성공은 단기적인 노력보다는 장기적인 헌신과 꾸준한 노력의 산물이다. 성공하는 사람들은 자신의 목표를 위해 끊임없이 노력하며, 어려움에 빠지더라도 포기하지 않고 계속 성장한다. 네 번째, 학습과 성장이다. 성공하는 사람들은 끊임없이 배우고 성장한다. 새로운 지식과 기술을 습득하며, 자기 자신을 계속해서 발전시키는 노력을 기울인다. 다섯 번째, 건강과 균형 유지한다. 성공은 건강과 균형이 잡힌 삶에서 비롯되기 때문이다. 몸과 마음의 건강을 유지하고 적절한 휴식과 여가를 취함으로써 지속적인 성과를 이룰 수 있다. 성공하는 사람들의 특성과 습관을 실천하며 지속적인 노력과 발전을 거듭하는 것이 성공하는 사람들의 비밀이라고 할 수 있다. 그러나 성공은 개인의 목표와 정의에 따라 달라질 수 있으며, 개인의 가치관과 목표를 기반으로 자신만의 비밀을 찾는 것이 중요하다. 오랜 세월 동안 하고 싶다는 생각만 있던 수영을 해내면서 작은 도전으로 작은 성공을 경험했다. 또 다른 도전에 용기를 낼 수 있었다. 도전에 대한 명확한 목표를 세우고 자기 암시 글을 써서 반복해서 외우면 스스로 동기부여 할 수 있었다. 꾸준히 하다 보니 잘하게 되었고 재밌어졌다. 작은 돌계단을 하나 놓으며 긍정적인 습관 만들기에 도전했다.

⑤

할 말은 많지만
못다 한 이야기는 다음에

"친구는 당신에게 자신에 대한
새로운 관점을 주는 사람이다."

다이애나 브란테

대화 상대와 목표, 이익에 대한 공감대가 있는가?

대화를 유익하게 나누는 비결은 따로 없다. 먼저 상대방의 목표나 관심사의 이익 포인트가 무엇인지를 알아채야 한다. 나와 대화하는 순간 상대의 관심이 무엇인가. 상대는 어디에 빠져 있는가. 내 앞에 이 사람은 지금껏 무엇을 성취했고 앞으로 무엇을 성취하고 싶은가. 이러한 점들을 고려해 보고 내가 가지고 있는 가치와 부합한다고 생각되면 나의 경험과 지식을 버무려 상대가 말하는 이야기에 호응하면 된다. 주의해야 할 대화 방법은 내가 주도권을 가지겠다고 나서면 안 된다. 상대와 호흡을 맞취야 한다. 상대와 나의 대화가 좋은 대화는 즉흥 랩과도 같다. 처음에는 원고에 써진 대로 랩을 하지만 점차 리듬을 타면서 래퍼 자신의 경험을 임의로 이야기하듯이 새로운 음악을 만들어 낸다.

　2023년 8월 1일, 하노이 시각 7시 30분. 페이스톡이 울렸다. 혜란 언니 였다. 보이스톡도 아니고 페이스톡이라니. 이 언니가 무슨 일이지? 평소 에는 보이스톡 통화를 했었다. 전화를 받았다. "지안아! 보여?! 여기 부 다페스트야. 너한테 보여주려고 페이스톡 했어." 여행 다큐멘터리에서 나 보았던 광경이 보였다. 언니는 헝가리 부다페스트에 있다고 했다. 부 다페스트 궁전을 보여주었다. "대박! 언니 이번엔 부다페스트 갔어?!" 언 니에게 혼자 부다페스트에 갔는지 묻자, 친구와 동행했지만, 여행 일정 은 따로 다닌다고 했다. 여름 휴가 못 간 나도 일만 바쁘지 않으면 부다 페스트로 날아가고 싶었다. 부다페스트 궁전을 보고 내려오는 길에 나에 게 보여주고 싶어서 전화했다고 했다. 혼자 다니는 여행의 맛이다. 언니 는 숙소 예약에 대해서 아쉬워했다. 지난 3월에 괜찮은 숙소를 예약했는 데 막상 여행 당일 부다페스트에 도착하니 중계 앱에서 예약담당자가 말 하길, 갑자기 숙소 주인이 사망해서 그 숙소 투숙을 할 수 없게 됐단다. 언니는 좋은 숙소를 예약했다고 좋아했었는데 기대했던 숙소를 놓치고 말았다. 성수기라서 가격도 비싸고 이전 숙소보다 낮은 수준의 호텔에서 숙박하게 됐다. 언니는 빨리 예약해도 소용없을 수 있다는 걸 배웠다고 말했다. 언니는 인생의 깨달음을 나눠주었다. 인생도 그렇지 않은가. 아 무리 내가 준비를 철저히 해도 안 되는 일이 있다. 나의 의지와 관계없이 달라지는 상황은 나의 계획과는 무관하게 일어난다. 내가 할 수 있는 일에 최선을 다하고 내가 아무리 열심히 노력해도 어쩔 수 없는 일은 과감히 포기하는 용기가 필요하다. 내가 노력해서 바꿀 수 있는 일과 없는 일의 구분은 중요하다.

나는 해외 출장을 다닐 때 주로 혼자 다닌다. 출장 많은 직업이다 보니 영어와 중국어로 어느 정도 소통할 수 있게 된 후로는 계속 혼자 다녔다. 출장도 여행인지라 예상하지 못한 일들이 생긴다. 예약한 택시가 사전 통보 없이 취소해 버린다든지 비행기가 예고 없이 연착해 버려서 공항에서 24시간 이상 버텨야 할 수도 있다. 혜란 언니의 경우처럼 예약한 숙소에서 갑자기 방이 없다고 해버리는 경우 등등 예상할 수 없는 일들이 생긴다.

언니는 영어 공부를 해야 하는데 못하고 있다고 했다. 해외 나와서 한 달 살기 하고 돌아갈 때는 영어 공부해야지 생각했다가도 한국으로 돌아가면 막상 바쁜 일상으로 돌아가 영어 공부는 뒷전이 됐다고 했다. 나는 내가 영어 공부했던 방법을 이야기했다. 영어 환경에 나를 던져야 한다. 들려야 말할 수 있기 때문이다. 언니는 한국에 돌아가면 전화 영어 강의 신청하려 한다고 했다. 어떤 방법이든 매일 영어 환경에 노출하는 게 중요하다. 언니는 나에게 하노이 현재 시각이 몇 시냐고 물었다. 부다페스트 시각 오후 3시 30분, 하노이 시각 오후 8시 30분이었다. 언니는 아직 식사 전이었다. 식사하러 가라고 말하려다가 말이 이어졌다. 우리는 이야기 속으로 빠져들었다. 어느새 언니는 부다페스트 궁전을 내려와 맛집을 찾아갔다. 걸으면서 계속 통화를 했다. 간간이 보이는 부다페스트의 거리는 아름다웠다. 날씨는 뜨겁지 않고 그늘에 들어가면 시원한 날씨라고 했다. 지나다니는 덩치 큰 헝가리 사람들이 보였다. 작은 키의 언니가 더 작아 보였다. 어느새 언니는 굴라쉬 맛집에 도착했다. 마치 유튜버처럼 나와 통화를 하면서 식사 주문을 했다. 맥주 한잔과 굴라쉬. 멋진 조합이었다. 유튜브 백종원 티브이에서 굴라쉬 조리법을 찾아서 나도 만들어 먹기로 했다. 하노이에는 굴라쉬 맛집이 없다.

혜란 언니는 지난 1월에 하노이 우리 집에서 2주간 지내다가 돌아갔다. 나와 혜란 언니는 7박 8일 동안 하노이, 나트랑, 다낭, 호이안 여행을 다녀왔다. 혜란 언니 직업은 선생님이다. 1년에 두 번 해외 여기저기를 돌아다니며 한 달 살기를 한다. 혜란 언니는 우리 가족보다 상해 집에 더 자주 온 지인이다. 그녀를 내가 처음 만난 건 2001년 2월이었다. 내가 대학에서 산업디자인계열 조교로 근무할 때 그녀는 나의 후임 계열 조교로 입사했다. 나이는 내가 어렸지만 내가 선배였다. 언니는 본래 법원 공무원을 하다가 시각디자인 전공 공부를 뒤늦게 했다. 그러나 졸업 후 디자인 업계 현실을 겪고나서 방향 전환을 결심했다. 언니의 20~30대는 인생 방향을 찾기 위한 치열한 도전의 시간이었다. 언니는 학부 전공을 네 번이나 바꿔서 편입학하고 졸업했다. 전공이 5개다. 내가 아는 사람 중에 대학, 대학원 학교 졸업장이 가장 많은 사람이다. 무려 7개의 대학과 대학원 졸업장을 가지고 있다. 마흔 살까지 도전할 수 있는 고등학교 교사로 임용된 인간 승리자이다. 지난 20년 넘는 세월 동안 그녀의 전투적인 삶을 지켜본 바로 존경스럽다. 그녀와 나는 공부와 자기 계발에 진심이었다. 서로의 관심사 코드가 맞았다. 언니와 함께 조교 근무한 건 1년뿐이었지만 우리는 지금까지 서로의 인생을 자주 비춰보는 친구이다. 언니는 내가 어디에 있든 본인이 비행기 타고 찾아온다. 나도 언니도 서로의 성장에 관심이 많다. 혜란 언니가 다음은 또 어떤 도전을 하게 될지 기대된다. 한참을 이야기하다가 언니는 나에게 뭐 하고 있었는지 물었다. 책 쓰고 있다고 대답했다. 그러자 그녀는 나에게 또 쓰냐며 물었다. 나는 오히려 언니야말로 책 써야 한다고 말했다. 인생을 책으로 남기는 일은 멋진 일이라고 열변을 토했다. 언니는 책 쓰는 건 나에게 양보하겠다며 웃었다. 나는 그녀의 책 쓰기 도전에 도움을 주고 싶다. "지안아! 나 밥 다 먹었어! 이제 다음 장소로 가려면 길 찾아야 해. 통화 길게 못 하겠다. 다음 도시 가서 또 연락할게, 자세한 건 담에 얘기하자." 하노이 시각 밤 10시 40분이 넘었다. 이미 3시간 넘게 통화한 상태였다.

카르페디엠 '지금 사는 현재, 이 순간에 충실하라'

관심사가 비슷한 경우 서로 할 말이 많다. 이건 어땠는지 저건 어땠는지. 혜란 언니와 나의 관계를 돌아보면 우리는 서로에게 거울이었다. 나도 언니도 최선을 다해서 살았다. 현재에 충실한 삶을 살았다. 잘못된 선택과 옳은 선택을 거듭하면서 성장했다. 피와 살이 되는 과거 경험이다. 잘못된 선택으로 억울한 일을 당하면 함께 성질도 내주고 좋은 일에는 같이 기뻐해 준 그녀. 퉁명스럽게 말할 때도 있지만 진심은 통하는 법이다. 허튼소리 없고 약속을 생명으로 생각하는 사람. 나는 그녀의 책임감 있고 깊이 있는 츤데레 같은 무심한 다정함이 좋다. 지금도 각자의 자리에서 새로운 장소에서 맛있는 음식, 좋은 경치를 보면서 서로를 떠올릴 수 있는 관계에 감사한다. 오늘의 기록을 훗날 펼쳐 보았을 때 따뜻한 감정을 다시 느끼게 될 거다. 글의 힘은 그런 거다. 무엇을 망설일까. 나는 오늘도 키보드 자판을 열나게 두드린다.

⑥

나는 책 읽고 글 쓰는 학생이다

"씹을 수 있는 양보다 더 많이 베어 물어라.
그런 후에 씹어라."

알퐁스 플레처

자기 계발러

사회생활은 자기 계발을 꾸준히 해야 조직에 필요한 사람으로 살아남기 유리하다. 사회생활뿐만 아니라 개인적인 성장과 발전에도 도움이 된다. 자기 계발은 새로운 지식과 기술을 습득하고 능력을 향상할 수 있도록 도움을 준다. 더 나은 사람이 되고 더 좋은 삶을 살 수 있다. 독서, 글쓰기, 책 쓰기 등의 자기 계발 활동은 자기 자신에 대한 이해를 높여 준다. 감정과 행동의 원인을 파악하고 자신의 강점과 행동의 원인을 파악하게 하고 자신의 강점과 약점을 인식함으로써 자기 자신을 더 잘 이해할 수 있게 된다. 자기 계발은 새로운 기회와 경험을 만든다. 도전과 학습을 통해 더 다양한 경험을 쌓을 수 있다. 목표를 달성하고 성공을 끌어내는 데 도움이 된다. 명확한 목표를 설정하고 그에 따른 계획과 노력을 통해 원하는 성과를 얻을 수 있다. 자기 계발을 하게 되면 자기 존중과 자기애가 강화된다. 자신을 사랑하고 존중하며 자신의 가치를 높이는 것이 중요하다. 세상 그 누구보다 스스로 나를 아끼고 사랑하는 의미는 크고 중요한 일이다.

흔들리지 않는 중심 잡기

나에게 성공의 정의는 브랜드 런칭과 성공 경험이었다. 20여 년을 준비하고 갈고 닦았던 꿈이 6년 만에 막을 내렸다. 가야 할 길을 잃었다. 직장인의 꿈이 멈춰버렸다. 나에게 공부란. 회사에서 필요한 일을 잘하기 위해서 부족한 것을 채워 성장하는 과정이었다. 승진의 의미는 내가 하고 싶은 일을 하기 위한 권한이 있는 위치에서 일하는 것이었다. 이 모든 꿈이 의미가 없어졌던 시기가 있다. 나는 인생의 가치를 단편적으로 만들어 놓았다는 걸 깨달았다. 독서를 하기 이전의 나는 아는 게 없었다. 지금도 아는 척할 수 있을 만큼 책을 많이 읽지 않았고 엄청난 지식을 쌓지도 못했다. 단지 7년 동안의 독서로 한 가지 확실하게 배운 것은 자기 중심을 잡아야 한다는 것이다. 나의 가치관과 철학을 정의하고 핏빛처럼 진한 명확한 어떠한 목표를 설정할 것인가가 중요한 것이다.

20대에 꾸었던 나의 꿈을 향해 세웠던 목표는 좋은 직장에 취직해서 안정적인 삶을 사는 것이었다. 나의 인생 목표는 안정감이었다는 걸 깨달았다. 처음에 글을 쓰는 인생을 선택한 이유는 미치게 좋아서 글을 쓰기로 한 것이 아니다. 나이 들어서 지속할 수 있는 일로 독서와 글쓰기가 좋겠다는 생각 때문이다. 독서와 글쓰기를 하다 보니 나도 모르게 차분해지고 세상을 이해해 가는 잔잔한 즐거움이 생겼다. 우왕좌왕하며 갈 길을 잃고 멍청하게 지낸 지난날을 숙고할 수 있는 시간을 선물 받았다. 이전에 내가 경험해 봤던 일보다 비교할 수 없을 정도로 즐거움의 크기가 컸다. 비록 시작은 호기심과 성장에 대한 욕심과 기대였지만 책을 읽고 글 쓰다 보니 더할 나위 없이 안정적인 일상을 보냈다.

내가 원하는 회사에 취직하고 내가 하고 싶은 일을 하기 위해서 학력 요건을 만들기 위해서 10년을 매진했다. MD가 되기 위해서 소재를 잘 알아야 하니 주말이면 백화점, 쇼핑몰, 새벽 도매 시장을 휩쓸고 다녔다. 시장 조사를 20년 가까이 치열하게 했다. 어떤 사람은 내가 쇼핑에 미쳤다고 말하는 사람도 있었지만, 속 모르는 말이었다. 내가 쇼핑에 미친 사람 같았던 이유는 직접 입어보고 사용해봐야 알 수 있었기 때문이다. 왜 소비자가 그 브랜드를 좋아하는지 입어보고 브랜드가 주는 가치와 정체성에 빠져보고 그들의 정신을 공감해야 이해가 됐다. 입고 써보고 나서 나는 알 수 있었다. 이제는 어떤 옷이든 만져보면 대략 어떤 소재인지 알 수 있을 정도이다. 트렌드를 어떻게 반영했는지, 스테디셀러 아이템은 어떻게 스테디셀러로 살아남을 수 있었는지를 찾아본다. 옷을 만드는 방법과 만들기 위한 부자재는 어떤 것이 필요하고 어디서 소싱하는지, 원가는 얼마고 요척, 소요량, 생산 국가별 가공임 등등 줄줄 나온다. 책을 쓰고 있는 이 순간에도 내가 사랑하는 일을 말하면서 행복하고 즐거운 걸 보면 나는 패션에 대해서만큼은 슈퍼 애정러다. 소비자가 그 제품을 왜 좋아하는지 나는 소비자의 심상으로 제품을 본다. 왜냐면 내가 옷을 좋아하기 때문이다. 이런 감정마저도 나는 글을 쓰면서 알게 되었다. 나의 기질을 부정하지 않고 받아들였다. 열정 넘치고 좋아하는 일에 미칠 듯이 빠지는 에너지를 비난하는 사람의 말을 듣고 "열정 같은 소리 하고 있네!"라고 스스로 좌절했던 시기도 있었다. 이제 내게 비난은 힘을 발휘하지 못한다. 비난은 차단하고 비판만 받아들인다. 나의 기준이 세워지면서 나를 바로 세울 수 있었다. 좌절과 실패 대신 경험이라는 단어를 선택했다. 지난 일은 경험이다. 비록 현재 내가 애초 꿈꿨던 자리에 있지는 않지만, 충분히 나는 현재 의미 있는 삶을 살고 있다. 누군가의 평가는 필요하지 않다. 내가 필요한 자리에서 그 자리가 내게 원하는 일에 최선을 다한다.

해외 출장이 많아지면서 영어 문장 하나 제대로 알아듣지 못하는 내가 한심스러웠다. 영어 학원과 개인 과외에 미쳐서 바쁜 와중에도 퇴근 시간 이후 영어 학원에 가서 수업을 듣고 다시 회사로 돌아와서 밤을 새워서 일했다. 물론 지금도 원어민처럼 유창한 언어를 구사하지 못한다. 베트남 현지인들과 영어로 일을 할 수 있는 수준의 영어를 구사할 수 있다. 남들보다 느리게 배우는 나는 영어에 5년쯤 매진했었다. 중국 주재원으로 나가고 싶어서 중국어 기초 공부를 시작했다. 1년 동안 문법 기초 공부를 했으나 중국 현지에 도착했을 때 알아들을 수 있는 말은 '니하오'뿐이었다. 중국어를 안 할 수 없는 상황까지 몰렸을 때 상해 동화대학교 어학당에 등록했다. 2년 동안 주말반 중국어 어학연수를 충실히 다녔다. 중국어 공부를 2년 정도 하고 나니 귀가 조금씩 열렸다. 나는 중국어 작문을 할 수 있는 정도 수준이 되었다. 베트남에 내가 이렇게 오래 있게 될 줄 몰랐다. 베트남 하노이에 와서 나는 어떻게 해서든 베트남어를 배우지 않으려고 했다. 왜냐면 너무 어려웠다. 중국어 4성조를 배우는 것도 어려웠는데, 베트남어는 6성조이다. 심지어 발음도 한국어에 없는 권설음이다. 베트남어 공부를 시작했지만 베트남어 벽은 생각보다 만만치 않게 높게 느껴진다. 베트남어를 공부하는지, 영어를 공부하는지 모르겠지만 베트남어도 친해지면 언젠가는 다른 언어처럼 들릴 날이 오려니 믿는다.

정의하기

독서와 글쓰기도 마찬가지다. 나는 오늘도 책 30페이지를 읽었고 한 편의 글을 이렇게 쓰고 있다. 마냥 편안한 일상은 아니다. 그런데도 마음이 편한 이유는 무엇일까. 글쓰기도 다른 어떤 배움과 마찬가지로 어려웠다. 책을 쓰기 시작하고 나서 나는 내가 이 정도라도 글을 쓸 수 있는 사람이 되었다는 것을 확인할 수 있었다. 의심 반, 도전 의지 반이었다. 글감을 찾는 사람이 되었다. 시작부터 결핍이 있었기 때문에 나는 부족한 부분을 계속 배우려고 노력했다. 자기 계발은 피할 수 없는 선택의 연속이었다. 변화하는 환경에 따라가거나 앞서 미래를 준비해야 뒤처지지 않을 뿐더러 주도적인 위치에서 일할 수 있게 된다. 자기 주도적인 삶을 위해서 필요한 자기 계발은 미래와 방향을 스스로 결정하고 행동하는 데에 있어서 강력한 동기부여가 된다. 정의 내릴 줄 알고 가치 판단을 할 줄 알아야 한다.

　나에게 성공, 공부, 승진의 정의는 무엇인가? 나만의 정의가 있어야만 정의를 통해서 다른 사람의 정의와 타협할 수 있다. 개발되고 성장하는 과정을 통해서 정의가 다듬어진다. 그것이 가치관이 된다. 가치관에 살을 붙이고 정교화하면 철학이 된다. 가치와 관계에 대한 정의가 없으면 나에게 의미 있는 것은 무엇이며 어떤 것이 중요한지 구분할 수 없다. 정의가 있어야 자기 자신의 가치관과 철학을 갖고 의사결정 중심에 설 수 있다. 기준이 없으면 불안정한 감정을 느끼고 자기 자신의 판단을 믿지 못해 불안하고 걱정이 많아지게 된다. 평생 학생으로서의 태도로 독서와 글쓰기를 하면서 배움을 지속한다면 나의 카르마를 깨닫고 오늘보다 나은 내일을 살 수 있으리라 생각한다. 나는 내 인생의 주인으로 살기 위해서 독서와 글쓰기로 인생 공부하기로 선택했다. 나는 인생을 공부하는 학생이다.

7

좋은지 나쁜지 누가 아는가

"신의 섭리를 탓하고 싶을 때마다 자네의 마음 주변을 살펴보게,
그러면 어떤 이유로 그 일이 일어났는지 알 수 있을 것이야."

에픽테토스, 『대화록』

고난이 닥쳤을 때 자신의 계획에 집중하고 몰입한 나머지 다른 생각을 못 한다. 처음엔 불운이라고 생각했던 일들이 시간이 지나면서 행운으로 돌아오는 경우가 그런 예이다. 무언가 잘못됐다는 느낌은 단지 인식 문제일 뿐이다. 모든 일에는 이유가 있다고 생각한다. 원인이 있기에 결과가 있는 거다. 한 개인이 모든 세상 이치를 깨달을 수는 없다. 눈앞의 현상 이외의 다른 면을 정확하게 파악하기 어렵다. 지구 반대편의 나비의 작은 날갯짓 때문에 태풍이 발생할 수도 있고 지금 겪고 있는 불운이 행운의 전조일 수도 있다. 우리 삶은 냉정하기도 하지만 오묘하고 신비롭기도 하다.

새옹지마

20년을 한 가지 목표만 보고 달려왔는데 갑자기 평생 꿈꾸던 일을 못하게 하니 세상에서 내가 내쳐진 것만 같았다. 내가 그렇게까지 인생이 망한 것만 같은 감정이었던 이유는 다른 선택지가 내 인생의 목표 목록에 없었기 때문이다. 내 인생의 목표는 딱 하나 일의 성취였다. 나는 일만 하던 삶에 일과 일상에 사이에 틈을 냈다. 그것이 독서이다. 하늘이 무너진 것만 같았던 경험은 결과적으로 나에게 신이 보내 준 선물이었다. 원치 않는 부서 이동은 당시에 나에게 고통이었지만 그 일을 계기로 나는 인생을 뒤돌아보게 되었다. 그 일이 없었다면, 나는 지금 어떻게 되었을까? 상상하고 싶지도 않다. 책을 만나게 되므로 해서 나는 다른 세상을 알게 되었다. 나에게 책은 위로이자 멘토, 세상을 보게 한 창문이 되었다.

독서 동아줄을 꼭 붙들어

독서를 시작한 후에 내가 우물안에 살고 있었다는 걸 알았다. 나를 우물 밖 세상으로 끌어내어 준 동아줄은 독서였다. 동아줄을 힘겹게 타고 올라갔다. 우물 밖으로 기어 올라온 과정이 독서 습관을 만들었던 시간이다. 평생 해보지 않던 책 읽기 습관을 만드는 것만으로도 내게는 도전이었다. 4년 넘게 독서를 습관화하고 간신히 우물 밖으로 나올 수 있었다. 허리를 펴고 세상을 돌아보았다. 어디로 가야 할지 모르겠고 어떤 길을 따라가야 할지 몰랐다. 우물 안 세상만을 보던 나의 지난날의 어리석음을 깨달았다. 독서는 세상과 나를 연결해 준 다리였다. 흥미진진하고 새로운 세상을 알아가면서 드넓은 세상을 천천히 살펴보았다. 나를 향하던 시선에서 타인을 향한 관심과 관점으로 돌리자 말과 행동을 다르게 해야 한다는 걸 알았다. 다른 사람의 말과 행동을 관찰하면서 그들의 욕망을 알아챘다. 독서로 알게 된 감정에 대한 인식과 사람의 행동 패턴, 인생의 철학을 나의 삶에 적용하는 연습을 했다. 글쓰기를 시작했다. 글을 쓰면서 나와 세상을 정리했다. 글쓰기 연습의 시작은 일기 쓰기였다. 매일 일기에 감정을 쏟아 놓고 나니 부정적인 감정이 어느새 사그라들었다. 책 쓰기를 하면서 인생에 변화 물결이 쳤다. 나는 내 인생의 목적성과 주제를 찾는 힘을 키우고 있다. 타인에 의해 흔들리지 않는 사물을 대하는 나만의 정의를 만드는 힘이 생겼다. 가치관을 넘어 철학을 만들어 가는 과정을 거치고 있다. 글을 쓰기 전에는 인생의 목적을 정의하지 못했다. 책을 쓰기 전에는 주제 의식 없는 흔들리는 갈대 같았다. 독서 습관을 만드는 과정에서 나는 나 스스로 한계를 뛰어넘어야 했다. 읽히지 않는 책을 하루 한 시간씩 읽으려 했다. 하루 이틀 읽는다고 해서 책이 잘 읽어지는 건 아니었다. 글쓰기도 마찬가지다. 하얀색 모니터 화면을 멍하니 쳐다보다가 컴퓨터를 끄기를 몇 번을 했는지 모른다. 그런데도 도전했다. 성장하고 싶은 욕구가 간절했기 때문이다. 지금껏 살면서 무엇을 잘못 생각하고 살았는지 확인해야 했다. 그렇지만 방법을 쉽게 찾은 것은 아니다. 처음 독서를 시작할 때 어떤 책을 읽어야 하는지 몰라서 베스트셀러니 유명인이 소개하는 책을 마구잡이로 읽었다. 책 추천을 받기 전에 나의 상태를 먼저 인지하고 나의 문제를 발견하는 데 필요한 책이 어떤 책인지 찾아보는 과정이 필요하다. 초보 독서가 시절에 읽었던 유명인이 추천한 책과 벽돌 책들이 결과적으로는 나에게 피가 되고 살이 되었다. 정약용 선생의 가르침 대로 다독, 다작, 다상량 하라는 뜻을 꾸준히 읽고 쓰다 보니 의미를 알게 됐다.

　한계를 극복하는 방법은 도전적이고 의미 있는 과정이다. 먼저 스스로 극복하고자 하는 한계를 명확히 정의하고, 그에 맞는 목표를 설정한다. 이후 목표를 달성하기 위한 계획을 세워 나아갈 수 있다. 자기 동기 부여를 유지하고 긍정적인 태도로 일관하는 것이 중요하다. 도전적인 상황에서도 긍정적인 자세를 유지하며 자신을 격려해 준다. 극복하고자 하는 한계를 극복하는 데 필요한 새로운 습관과 기술을 배운다. 지속적인 노력을 통해 능력 향상을 꾀할 수 있다. 실패를 인정하고 배운다. 도전과 극복의 과정에서 실패할 수도 있다. 실패를 부끄러워하지 말고 인정하고 배움의 기회로 삼는다. 도전적인 순간에 스스로 동기 부여해야 한다. 어려운 상황에서도 자신에게 의지하고 자신을 격려해 준다. 실험과 도전 정신이 필요하다. 새로운 일을 시도하고 자신의 한계를 넘어서기 위해 도전한다. 기존의 편한 영역을 벗어나 새로운 경험과 도전을 통해 성장할 수 있다. 지속적인 학습과 성장을 도모한다. 극복의 과정은 끝이 없다. 꾸준히 학습하고 발전하는 자세를 가지며 성장하도록 노력한다. 도움과 지원을 구한다. 도전적인 과제를 함께할 수 있는 동료, 친구, 가족의 지원을 받아본다. 도움을 구하는 것은 약점이 아닌 강점이 될 수 있다.

그럴 수도 있지

내가 실패를 두려워했던 이유는 실패하면 얼마나 힘들어지는지 알기 때문이었다. 언제나 실패할 수 있기에 실패할 준비와 좌절할 준비, 질책받을 준비. 바꿔 말하면, 실패하지 않기 위한 준비, 질책받지 않기 위해 해야 할 일을 준비했다. 요행수를 바라지 않았다. 단지 사전에 준비를 열심히 했을 뿐이다. 정성을 다해 최선의 노력을 기울였다. 아무리 준비했더라도 일이 되지 않으려면 나의 뜻과는 다른 방향으로 결과가 나올 때가 있다. 의도와 다르게 결과가 나올 수 있다는 경우의 수를 확장한다. "그럴 수도 있지."『오프라 윈프리의 대화법』책에서 배운 사고와 대화법이다. 나에게 하는 질문에 대한 대답이란 돼 혹은 안 돼 두 가지 대답만 존재했다. 타인의 상황이나 입장을 고려하지 않았다. 극단적인 대답을 얻어야만 결론을 빨리 내릴 수 있고, 결정이 빨라야 업무를 제때 진행할 수 있다고 믿었다. 나의 이러한 태도는 상대의 감정을 상하게 했다. 생각할 시간이라는 것은 다른 경우의 수를 살펴보는 검토와 탐색의 시간이다. 다른 관점과 더 좋은 결과를 위해서 숙고의 시간이 필요하다는 사실을 배워야 했다. 긍정적 경우의 수를 넓히고 타인의 감정과 상황을 살폈다. 어느 순간 누군가의 의견에 "그럴 수도 있지."라고 답하고 있는 나를 발견한다. 상대를 먼저 긍정하는 반응과 "그럴 수도 있지."라는 반응은 상대방과의 대화에 숨을 불어 넣어준다. 지금 내가 생각하고 있는 상황이 맞지 않을 수도 있을뿐더러 내가 모르는 다른 상황이 있을 수도 있기에 선택과 결정은 최대한 뒤로 미룬다. 지금의 상황이 좋은 듯이 보일 수도 있지만, 아닐 수도 있기 때문이다. 나에게 있었던 힘들었던 일들이 결과적으로는 나의 인생을 더 밝고 긍정적으로 만들어주었을 뿐 아니라 인생의 의미를 찾아가는 계기를 만들었다. 좋은지 나쁜지 누가 알겠는가.

(8)

'해본다'는 없다

"하느냐, 안 하느냐가 있을 뿐이다.
'해본다'는 없다."

영화 〈스타워즈〉 중 요다의 말

해낼 수 없을 거라는 생각으로 인해 불가능한 도전이 된다. 생각의 차이일 뿐이다. 내가 생각하는 대로 하면 된다. 왜냐면, 자기 신념이나 자기 이행 예언으로 행동하게 되면서 무의식적으로 그 방향으로 노력하게 된다. 자기 생각대로 된다는 신념은 자신의 행동을 바꿀 수 있다. 긍정적이고 목표지향적으로 행동하면 결과가 달라질 수 있다. 목표에 더욱 집중하고 노력하게 되면서 목표를 달성하는 데에 집중력이 높아질 수 있다. 무의식적으로 특정 결과를 기대하고 그 방향으로 행동하게 되면 생각대로 된다. 내 생각과 행동이 주변의 사람들과 상황에 영향을 미칠 수 있다. 그로 인해 결과도 달라질 수 있다. 긍정적인 효과를 가져올 수 있는 근본적으로 실행력을 끌어올리려면 결단해야 한다.

결단하라

2022년 8월, 자이언트 책 쓰기 수업에서 공저 6기에 참여할 지원자를 모집했다. 나는 공저에 도전할 생각이 전혀 없었다. 자이언트에서 지난 2년 가까이 100여 명 이상 작가들이 책을 쓰고 출간하는 모습을 내 눈으로 지켜보았다. 나는 아직 책을 쓰기에 한참 부족했다. 수업을 마치고 보이스톡 전화가 왔다. 꽃송 작가님이었다. 반갑게 전화를 받았다. 가끔 꽃송 작가님과 소통했었는데 그날따라 공저 6기에 꼭 도전해 보라고 권했다. "저 아직 책 쓰기 많이 부족해요. 그리고 쓸 말이 없어요."라고 대답했다. 그런데 그녀는 한 번 경험 해보면 할 수 있다고 걱정하지 말라고 용기 주었다. 나는 무슨 마법에 걸린 사람처럼 공저 6기에 지원했다. 솔직히 지원할 때 내 마음가짐은 '아무나 뽑아주는 게 아니니까 떨어질 확률이 높을 거야. 혼자 앞서서 걱정하지 말자. 그냥 지원이나 해봐.'였다. 아주 편안한 마음으로 지원서를 제출했다. 그러나, 예상과 달리 나는 공저 6기에 덜컥 붙었다. 10명의 작가와 함께 공저를 썼다. 공저 일정은 촉박했다. 다섯 개 꼭지를 일주일 만에 써야 했다. 이전에 나는 한 번도 연이어서 여러 꼭지를 매일 써본 경험이 없었다. 조여 오는 압박감에 심장이 두근거렸다. 목덜미가 당겼다. 하필이면 회사 업무로 사고가 터져서 왕복 6시간 거리 푸토성으로 출장을 매일 가야 하는 일정이었다. 차량 이동 왕복 6시간을 다니면서 글 쓰는 건 어려웠다. 출장을 돌아와서 써야 하는데 밤을 새워서 쓸 수밖에 없었다. 나로 인해서 공저 일정에 피해를 줄 수 없었다. 잘 쓰는 건 모르겠고 분량만이라도 채워서 내야겠다 결심했다. 아니 결단했다. 나는 며칠을 밤을 새워서 안 써지는 글을 억지로 분량을 채웠다. 인생 처음으로 일주일 동안 다섯 개 꼭지 초고를 완성했다. 내가 매일 글을 쓸 수 있다니 나 자신에게 놀랐다. 이날의 경험으로 나는 책 쓰기에 도전조차 하지 못하던 숨어 있던 나를 끄집어낼 수 있었다. 자이언트 공저 6기 초보 작가 고군분투기『글쓰기를 시작합니다』집필 경험은 나에게 책 쓰기 세계에 입문하게 해준 문고리다.

『픽사 스토리텔링』은 최근 재밌게 읽은 책이다. 흥행하는 영화, 드라마, 애니메이션 등의 이야기에는 악당이 등장한다. 악당은 주인공을 괴롭히나 주인공은 싸워 이긴다. 해피엔딩 이야기 구조이다. 내 인생에도 악당이 존재했다. 10대 시절에는 아버지 사업 실패로 경제적으로 곤란을 겪었고 20대에는 원하는 학교 졸업장과 학위를 받기 위해서 고군분투했다. 30대는 일하는 데 필요한 능력을 쌓기 위해서 실무 능력을 키우기 위해 노력했다. 매주 주말 시장을 조사하고 매 시즌 트렌드 동향 자료를 분석했다. 해외에서 일하기 위해 필수적으로 필요한 영어와 중국어 소통을 위해서 어학 공부를 지속했다. 제대로 세상을 알고 나를 성장시키고 싶어서 독서를 시작했다. 자기 자신의 생각과 가치관을 세워야 흔들리지 않는 주도적인 삶을 살 수 있다는 것을 독서와 글쓰기를 통해서 배웠다. 나만의 개똥철학이라도 만들어야 했기에 글쓰기를 통해서 인생 공부했다. 글을 쓰면서 나의 인생을 정리하고 싶었지만 글쓰기 역량은 말처럼 쉽게 늘지 않았다. 독자에게 좋은 메시지를 주는 책을 쓰고 싶어서 책을 쓰기 시작했다. 나의 중심이 잡혀야 철학을 만들고 명확한 주제 의식을 고민하지 않고 쓸 수 있다. 주제 의식을 장착하는 일은 어려운 일이다. 악당은 언제나 존재했다. 목표한 바를 이뤄내기 위해서는 악당을 넘어서 야만 했다. 악당은 내가 제압하고 싶다고 해서 순식간에 제압할 수 있는 대상이 아니었다. 악당보다 강해져야 물리칠 수 있다. 내 인생의 주인공 인 나는 악당 앞에 미약하기만 했다. 다윗과 골리앗 이야기에서처럼 미 약한 골리앗이 다윗을 공략한 방법대로 나는 악당들의 약한 부분을 공략 했다. 꾸준히 도전하고 실행했다. 하고 싶고 되고 싶은 일이 있어서 꾸준 히 실행할 수 있었다. 재미가 없었다면 쉽게 걷어 치워버렸을 텐데 인생 직업을 만난 덕분에 꾸준히 할 수 있었다. 그러한 악당들 덕분에 현재 내 모습이 만들어졌다. 『아웃라이어』 말콤 글래드웰 책에서 일만 시간의 법 칙 연구를 소개했다. 10년 이상을 투자하면 전문가가 될 수 있다는 법칙 이었다. 지난 시간을 돌이켜보니 나도 일을 잘하기 위해서 10년 이상을 꾸준히 반복 연습했다. 해야 할 일이 명확했기 때문에 흔들리지 않았다. 악당을 물리치기 위해 했던 꾸준한 활동이 나를 악당으로부터 자유롭게 만들었다. 악당인 줄 알았는데 은인이었다. 악당을 넘어서기 위한 나의 도전과 노력은 악당 스스로 자멸하게 했다.

실행하라

2022년 10월 2일 밤 8시, 하노이 노이바이 공항으로 출발하는 차에 짐 을 싣고 탑승했다. 공항으로 가는 길 위의 차 안에서 창밖을 보았다. 코로나 봉쇄가 해제된 지 6개월이 지났지만 일 때문에 한국에 빨리 들어갈 수 없었다. 3년 만에 한국으로 가기 위해 공항 가는 길이었다. 하노이에 갇혀 지낸 지 3년이 지났다. 지나고 보니 시간이 순식간에 흘러 버린 느낌이다. 지난 3년은 평생 가장 폭넓은 독서를 할 수 있었던 시기였다. 독서 모임을 만들어서 책 읽기가 어렵다는 이들을 도우면서 타인을 돕는 기쁨을 느꼈다. 나 자신의 독서력도 향상되었다. 글쓰기 선생님을 만나서 글쓰기 연습도 시작했다. 글쓰기는 생각처럼 만만한 공부가 아니었다. 서두르지도 않았고 포기하지도 않았다. 글을 쓰다 보니 책도 썼다. 한국에 들어가서 하게 될 일 중 하나는 공저 6기 열 명의 작가가 함께 집필한 책을 계약하는 자리가 있었다. 출판사와 계약하는 자리는 축제 날 같았다. 결단하고 책 쓰기로 했기 때문에 일정에 맞춰 글을 쓸 수 있었다. 책이 나왔다. 상상도 못 했던 내가 쓴 책이 나왔다. 공저 6기 책 쓰기 경험은 잃어버린 의욕에 불씨를 지핀 사건이었다. 마른 장작 같았던 나의 심장에 휘발유가 뿌려진 것 같았다. 공저 책 쓰기라는 작은 불씨가 화력 강한 불길이 되었다. 글쓰기와 책 쓰기에 '진심'이라는 이름을 붙여줘도 되겠다. 결단해서 얻은 경험은 다음에 도전할 때도 가이드 역할을 했다. 성공도 실패도 모두 가이드 역할을 한다. 실패를 두려워하고 싫어했는데 글쓰기 해서 실패해 봤자 얼마나 무엇을 잃겠나? 라는 생각이 들었다. 잃을 것이 없었다. 실패도 성공을 위한 경험이었다. 지난 한 해 동안 『글쓰기를 시작합니다』, 『그 문장이 내게로 왔다』, 『딱 두 배의 가치를 돌려받는 인생』 공저 3권 책 쓰기에 도전하고 실행할 수 있었던 것은 책을 쓰기로 마음먹고 결단했기 때문이다.

제 5 장

독서와 글쓰기가
건넨
삶의 해답을
찾는 방법

1

일상의 사소한 기록

"우리는 우리가 생각했던 사유의 결과물이다.
마음이 모든 것이다."

석가모니

나를 존중하는 태도와 마음가짐

자기 자신과 친해지는 것은 자기를 이해하고 존중하는 과정이다. 이를 위해서는 노력이 필요하다. 나에게 집중해야 한다. 시간을 내어 자기 자신과 대화하고 내면의 소리를 듣는 시간을 갖도록 하는 것이 중요하다. 무엇이 나를 행복하게 하고 불행하게 하는지 이해해야 한다. 나를 인정하는 것에서 시작하면 수월하다. 인정의 시작은 내 감정 살펴보기다. 감정은 중요하다. 생각은 내가 통제할 수 있고 감정은 생각으로 일어난다. 생각과 감정을 내가 통제할 수 있을 때 객관적인 사실을 편안한 마음으로 관찰할 수 있다. 부정적인 생각이 들 때 긍정적인 방향으로 자기 자신과 대화해야 한다. 부정적인 생각이 들게 된 감정을 살피다 보면 외부에서 들어오는 자극에 휘둘리게 되는 경우가 적잖다. 자기에게 격려와 칭찬해주는 습관을 기르면 자신에 대한 긍정적인 자아가 강화될 수 있다. 나는 타인의 감정뿐만 아니라 자신의 감정조차 무관심했다. 감정이 중요하다고 생각하지 못했다. 감정을 살피고 왜 그런 감정이 드는지 깊이 이해하려 노력했다면 좀 더 다른 눈으로 주변을 살폈을 것이다. 완벽하지 않다고 생각하는 점들을 허용하고 나를 존중하는 마음가짐과 태도를 가지는 것이 변화의 시작이었다. 이러한 행동을 할 수 있게 해준 것은 일기 쓰기다. 일기 쓰기는 나를 돌아보는 계기가 되었다. 생각을 정리하게 되고 상황을 객관적으로 파악하는 힘이 생겼다.

나는 다른 사람과 시간을 다투는 경쟁이 힘들고 어려웠다. 그래서 반복적으로 도전하고 노력해야 한다고 생각했다. 남과의 경쟁을 피하고 나와 경쟁했다. 나 자신에게 가혹하게 채찍질하고 냉정하게 칭찬하지 않았다. 나에게 중요한 경쟁은 어제보다 나은 오늘의 내가 되기 위함이었다. 성장하고 싶어서 채근했다. 무너질 수 없다 생각만 했다. 강박적인 태도는 눈에 보이지 않는 불안과 두려움을 키웠다. 생기지도 않은 앞으로의 일을 걱정했다. 걱정한다고 달라지지도 않는 미래를 걱정하는 데 시간을 낭비했다. 일기 쓰기는 내가 노심초사하는 태도를 확인케 했다. 눈으로 드러난 나의 부정적인 감정을 진정시키고 상황을 파악하기 위해 다른 의견을 수용할 마음의 여유를 가질 수 있게끔 감사하는 마음을 갖도록 노력했다. 사소하게 감사한 일을 일기에 썼다. 아침에 눈 뜨면 감사합니다. 삼창을 했다. 다양한 관계 속에서 소통의 어려움을 겪었다. 나를 힘들게 생각했던 인간관계에 대해서 정리했다. 공적 관계와 사적 관계에 대해서 기준을 마련했다. 공적 관계는 일하는 데 있어서 신뢰와 조건의 기준이었다. 공적 관계에 사적 관계에서 지켜야 할 기준을 적용하면 힘들어진다. 사적 관계에서는 개인적인 가치관과 철학이 나와 비슷하냐 다르냐가 중요한 기준이다. 관계에 대한 기준을 정리하고부터 나는 감정적으로 개인 대 개인에 대한 기대보다는 상대의 태도와 서로의 생각 기준과 철학을 살펴보았다. 일기는 하루의 일과를 메모하듯이 휘갈겨 쓰고 감정 상태를 정리하는 계기였다.

2023년 3월, 베트남 하노이.

심장이 두근거렸다. 난 또 이렇게 미리 사인을 무시하다가 이런 일을 당하는구나. 외장 하드가 며칠 전부터 말썽이었다. '오류가 발생하여 작동할 수 없습니다.'라는 메시지가 며칠 전부터 올라왔다. 몇 달 전 외장 하드 연결케이블이 고장 나서 하드케이스를 교체했다. 다시 사용하니 괜찮은 것 같아서 걱정 없이 사용했다. 잘 돌아간다고 생각했던 찰나였다. 역시나 하드에서 고장 기미가 보였다. 데이터를 통째로 날리면 어떡하나 걱정이 나의 머리통을 온통 헤집어 놓았다. 퇴근 후 집에 와서 글쓰기를 할 때부터 원본 파일을 불러오지 못하고 화면에는 계속 돌아가는 표시만 나왔다. 글쓰기를 시작도 못하고 하드 연결케이블을 뽑았다. 아침에 출근해서 회사 노트북에 연결하면 외장 하드가 정상적으로 작동할 줄 알았다. 나의 그런 안일한 태도를 비웃기라도 하듯 전날 저녁과 같이 '스캔 후 복구'라는 메시지가 나왔다. 내 가슴을 철렁하게 했다. 지난번에 도움을 받았던 컴퓨터 AS 업체 사장님에게 카톡 메시지를 보냈다. 빨리 메시지 답을 해 주었다. 그는 데이터 복구 업체를 소개해 주었다. 단톡방에 데이터 복구 업체 사장님을 초대해서 연결했다. 한 시간이 넘도록 데이터 복구 업체 사장님은 대답이 없었다. 답답한 마음에 천천히 다시 컴퓨터를 재부팅 했다. 컴퓨터가 재가동되고 외장 하드가 열렸다. 기적 같았다. '감사합니다!'라고 속으로 몇 번씩 외쳤다. 식은땀이 흘렀다. 나는 새 외장 하드에 하나하나 아기 다루듯이 데이터를 복사했다. 데이터 복사가 끝날 무렵 데이터 복구 센터 사장님이 대답했다. 다행히도 데이터를 살리게 되었다고 감사 인사를 전했다. 몇 달 전부터 외장 하드는 고장 조짐이 보였고 나에게 사인을 계속 보내왔었다. 그런 걸 내가 미련 맞게 붙들고 있었다.

신호 탐지

　인간관계를 대할 때도 마찬가지인 경우가 있다. 인연이 끝난 관계인데도 억지로 붙들고 있는 건 아닌지 생각해 본다. 학창 시절을 떠올려보면 그 시절의 친구는 그때였기 때문에 좋았던 거 같다. 지금의 나와 그때의 나는 다르다. 나의 태도를 바꾸는 데 아주 중요한 일이 있었다. 지금 나의 마음에 깊이 뿌리 내린 부분을 건드리고 있는 것은 무엇인가. 그때의 나와 지금의 나는 다르다는 사실을 인정해야 한다. 외장 하드 고장 사건만 해도 나는 담담히 받아들였다. 운이 좋아서 데이터를 날리지 않고 복사할 수 있었다. 설령 데이터를 잃었다 해도 나는 데이터 복구 센터를 찾아가서 해결했을 수도 있다. 소중하고 정든 물건을 바꾸는 일이 어려운 일이라기보다 나의 미련이 남아서이기 때문이다. 새로 바꾼 외장 하드는 아주 잘 작동한다. 진작 새것으로 바꿨으면 매번 조마조마하면서 데이터를 사용하지 않았을 것을. 그동안 열심히 일한 외장 하드에 고맙다. 독서와 글쓰기를 하기 이전의 나는 감사할 줄 모르는 사람이었다. 감사가 어떤 긍정적인 면이 있는지 몰랐다. 사소한 일상의 일에도 "감사합니다."라는 인사를 스스로 자주 한다. 데이터가 날아가 버린 줄 알았을 땐, 세상 무너진 것처럼 두려웠다. 10여 년 동안의 방대한 데이터를 잃어버렸다고 생각하니 불안했다. 외장 하드를 복구할 방법을 여러 지인에게 물었다. 궁하면 통한다고, 이런저런 정보를 알게 되었다.

메모하기와 일기 쓰기로 감정 읽기

하루 있었던 일을 메모하고 일기로 기록하면서 나는 그날의 나의 감정을 읽을 수 있었다. 내가 두려워한 감정은 무엇이고 넘어서야 할 것은 무엇인지 파악할 수 있었다. 일기를 쓰면서 부정적이든 긍정적이든 나의 감정을 받아들이고 인식했다. 의도하거나 계획했던 결과가 아니었다. 한동안은 알아채기가 어려웠다. 몇 달을 쓰다 보니 부정적 감정을 느끼게 되는 경우의 공통점을 발견했다. 나의 의도를 왜곡하는 상대의 반응이 있을 때, 억울하고 섭섭한 감정이 일어난다는 걸 알았다. 설명하는 연습에 익숙하지 않았던 나는 오해를 풀지 못했다. 부연 설명이 불필요하다고 생각했다. '말로 설명해야 아나?'라고 생각했다. 이심전심이라고 생각했던 생각과 태도를 버렸다.

타인과의 소통하는 방법과 태도를 바꾸기로 했다. 부모 자식 사이에도 말하지 않으면 모른다고 하는 말의 의미를 깨달았다. 나는 나의 상황을 설명하는 데 시간을 좀 더 쓰기로 했다. 나와 대화하는 글쓰기, 매일 일어난 일에 대해서 간단한 메모를 기록하고 일기 쓰는 반복 행동을 했다. 메모와 읽기 쓰기는 나에게 적극적으로 다가가는 행동이기도 했고 다른 사람의 상황에 대해서 폭넓게 생각하는 기회가 되었다. 매일 일기 쓰기는 스스로 자기 자신의 주인으로 살 수 있게 했다. 나를 점검하고 인식하는 계기가 되었다. 나의 주인으로 살아가는 첫걸음이었다.

2

노 빠꾸 자동차 후방 등

*"사람들은 당신에게 반대하는 것이 아니다.
그들은 그들 자신에게 찬성하는 것이다."*

뒤집어 생각하는 것은 새로운 관점과 아이디어를 발견하는 데 도움 된다. 이를 통해 창의적 아이디어의 개발이 확장되어 혁신적인 해결책을 찾을 수 있다. 어려워하던 문제 해결 능력이 강화된다. 생각을 뒤집는 습관은 복잡한 문제를 다양한 각도에서 바라볼 수 있게 한다. 이를 통해 더 효과적인 문제 해결이 가능해진다. 기존 내가 가지고 있던 편견과 선입견을 극복할 수 있다. 더 다양한 시각과 이해의 폭이 넓어진다. 다른 사람과 대화할 때 생각을 뒤집는 것은 상대방의 관점을 이해하고 수용하는 데 도움을 준다. 이로 인해 의사소통이 더 원활해지기도 한다. 새로운 시각을 받아들이고, 기존의 생각을 돌아보면 자기 계발에 도움을 준다. 더 나은 나로 성장할 수 있다. 낯선 상황이나 변화에 대처함에 있어 유연성과 적응력이 향상되는 데 도움이 된다. 더 넓은 시야를 갖추는 데 도움이 된다.

뒷모습에는 궤적이 남아

2023년 6월 16일 금요일 퇴근길 6시. 올해는 베트남 전체적으로 비가 적게 와서 수력 발전소 가동에 문제가 생겼다. 전력난으로 전기 공급에 문제가 생긴 지 한 달이 넘었다. 전기는 요일과 지역을 구분하여 선별적으로 중단되었다가 재공급되었다. 예상치 못한 전력난 상황에 생산 차질이 발생했다. 전기 공급 중단은 내가 어떻게 손쓸 방법이 없었다. 내가 할 수 있는 일에 집중했다. 내가 할 수 없는 일을 고민한다고 해서 해결되지 않는다는 것을 경험으로 알고 있기 때문이다. 나는 본사와 베트남 현지 전력난 상황을 재빨리 공유하고 납기 연장이 가능한 제품번호에 대한 생산 일정을 조율했다. 전력난으로 인한 차질은 생각보다 길어졌다. 사무실을 나와 엘리베이터를 탔다. 엘리베이터 에어컨 가동은 중지되었다. 사무실 밖으로 나온 지 얼마 지나지 않았는데 이마에는 땀이 맺혔다. 저녁거리를 사러 마트를 잠시 갈까 생각했지만 이내 생각을 접었다. 집에 가서 요리할 생각을 하니 번거로웠다. 근처 파리바게뜨 빵집에 가서 샌드위치를 하나 사가기로 했다. 파리바게뜨 빵집 문을 열고 들어서자 냉동 진열대에 눈길이 꽂혔다. 냉장고 위에 빵이 없었다. 내가 사랑하는 아보카도 달걀 페이스트리 샌드위치는 품절이었다. 매일 빵이 나온 후 몇 시간이면 품절되는 아이템이라서 서두르지 않은 것을 후회했다. 원하는 것이 있으면 서둘러야 한다. '괜찮겠지'라고 생각했던 안일한 생각으로 원하는 걸 얻지 못했다. 이런 경우는 일상 생활 뿐만 아니라 일하면서도 종종 경험하게 된다. 시간 여유가 있다고 생각하거나 자칫 여유를 부리다가 때를 놓칠 때가 있다. 주말 금요일 저녁 시간이라서 남아 있는 빵 종류가 몇 개 없었다. 그나마 내가 좋아하는 페이스트리 빵 한 개를 잡았다. 계산대에 내밀었다. 계산대 앞 직원은 내게 빵 한 개만 사냐고 물었다. 나는 고개를 끄덕였다. 5만 동에 빵 한 개가 담긴 봉투를 작은 가방 안에 욱여넣었다. 해가 질 무렵 뜨거운 태양이 떨어지고 있었다. 밖으로 나오자 베트남인 주민들이 아파트 둘레를 달리는 사람이 여럿 보였다. 나의 옆을 달리는 사람들 땀내가 좋지 않다. 러너의 티셔츠는 이미 땀으로 흠뻑 젖었다. 달리는 러너를 보면서 나도 뛰고 싶었다. 저렇게 땀 빼고 나면 정신은 개운할 텐데. 집으로 돌아가는 길 멀리 외다리 육교가 보였다. 뛰지는 못해도 길 건너 아파트까지 건널목으로 걸어가지 않고 육교 위로 건너가면 운동이 될 법했다. 터벅터벅 육교를 향해 걸어갔다. 퇴근길 오토바이들이 쌩쌩 달려서 육교까지 가는데도 뒤를 연신 돌아보며 안전을 확인했다. 육교 계단 위에 발걸음을 옮길 때마다 육교가 흔들리는 미동이 느껴졌다. 계단 위를 올려다보니 몇 명 운동복 차림의 사람들이 숨을 헐떡이며 걸어 내려온다. 사람들의 무게가 그들의 발걸음이 움직일 때마다 전해오는 것만 같았다. 육교 위로 올라서니 젊은 남녀가 육교 한쪽에 양반다리를 하고 앉아 대화 중이었다. 운동하다가 쉬는 걸까? 여자가 유독 지쳐 보였다. 남자는 여자에게 뭐라고 말을 건네는 듯하다. 그들을 지나쳐 나는 다리 중앙에 섰다. 육교는 더 출렁거리는 것만 같았다. 육교 난간에 서서 멀리 내다보이는 풍경 사진을 찍는 베트남 젊은이가 보였다. 나도 손에 쥐고 있던 핸드폰에 사진 앱을 켜고 그를 따라 사진을 찍었다. 기왕 사진을 찍는 거 반대쪽도 찍기로 했다. 전에는 무심히 넘겨 보던 꽉 막힌 도로다. 자동차의 전방 등과, 후방 등 색깔이 달랐다. 낯선 발견이었다. 후방 등이 붉은색 등으로 훨씬 밝고 화려해 보였다. 네이버에 이유를 검색해보았다. 후방 등이 붉은색으로 조도도 전방 등에 비해 높고 밝은 이유는 안개 낀 날씨에 사고를 예방하기 위함이라고 나와 있었다. 앞보다 뒤를 더 조심해라. 뒤에는 궤적이 남는다. 지난날 나는 앞만 보고 달려왔다. 인생을 살다 보면 앞만 보고 살게 된다. 젊은 날의 나를 떠올려보면 내가 하고 싶었던 일을 향해서 달려온 지난 시간이었다. 목표로 하는 일이 있다면 눈앞에 보이는 상황이나 현상을 위주로 판단하고 선택했다. 목표를 향해 살다 보면 본의 아니게 누군가와 부딪치며 감정에 상처를 주는 경우가 생기기도 한다. 다친 감정은 회복하기가 쉽지 않다. 앞만 보며 살다 보면 나의 뒷모습은 알 수가 없다. 자동차 후방 등이 전방 등보다 밝은 이유를 찾다가 나의 뒷모습은 어떤지 생각했다. 후방 등이 밝은 이유는 안개로 뒤덮인 도로 위에 나의 존재를 알리기 위한 최고의 방법이다. 현재 나의 위치를 뒤에서 오는 누군가에게 알려주고 거리 조정을 할 수 있어야 안전 운전을 할 수 있다. 눈앞에 보이는 전면도 중요하나 뒤에서 오는 사람과의 안전거리 확보가 더 중요하다. 화려해 보이는 후면 차량 사진 찍기를 뒤로 하고 나는 갈 길을 재촉했다. 앞에서 키 큰 베트남 남자가 올라오더니 다리 위를 또 헐떡이며 뛰어온다. 나를 향해 다가오는 그 남자를 향해 나는 속으로 외쳤다. "아저씨, 이 다리 약해요. 뛰지 말라고요!" 마치 외나무 출렁다리 위를 걷는 기분이었다. 나는 겁에 질려 난간을 붙잡고 내려왔다. 육교인지 출렁다리인지, 약한 육교 위에서 뛰는 사람은 뭔지, 소심하게 등 뒤로 뛰어가는 아저씨에게 후면 정지등이라도 켜주고 싶었다. '무서운데 왜 뛰냐고!'

뒤집어 생각하기

다양한 관점으로 시선의 폭을 넓히고 뒤집어 생각하는 방법은 이렇다.

첫 번째, 상반된 관점을 찾는다. 새로운 아이디어나 해결책을 발견할 수 있다. 때론 의외의 신기한 생각을 하게 될 수도 있다. 두 번째, 상상력을 발휘하여 '만약에'라는 가정하에 다른 결과를 상상해본다. 다양한 가능성을 찾을 수 있다. 세 번째, 다른 사람의 입장과 관점에서 생각하는 것도 뒤집어 생각하는 방법이다. 상대방의 상태를 점검하고 감정을 살펴 의견을 경청한다. 네 번째, 주제에 대해 다른 사람들과 토론하거나 대화를 나눈다. 다양한 의견을 듣고 받아들이며 새로운 관점을 얻을 수 있다. 다섯 번째, 다른 상황이나 분야에서의 비유를 이용하여 문제를 해결하거나 새로운 아이디어를 이끌어 낼 수 있다. 여섯 번째, 뒤집어 생각한 결과가 논리적으로 타당한지 검증한다. 객관적인 판단을 통해 좀 더 실현 가능한 아이디어를 찾을 수 있다. 일곱 번째, 새로운 접근 방식이나 아이디어를 실험해 보고 시도한다. 경험을 통해 더 나은 방법을 발견할 수 있다.

글쓰기가 뒤집어 생각하기에 좋은 이유는 다양한 관점과 창의적인 아이디어를 글쓰기 실행만으로 다양한 관점 개발 능력을 키울 수 있기 때문이다. 왜냐면 글을 쓰면서 인식하게 된다. 본인의 생각이 편중되어 있지는 않은지 다른 관점으로 생각하고 숙고하는 시간을 갖게 된다. 색다른 생각을 제시하는 글에 더욱 감정적으로 연결될 수 있다. 글의 효과와 영향력이 높아진다. 글은 새로운 관점을 제공하며 긍정적인 자기 토론을 유도한다. 이는 글을 쓰는 행위 자체를 흥미롭게 만든다. 문제 해결 능력 강화에 도움을 주고 해결책을 찾는 힘을 키워준다. 나와 다른 사람과의 감정적 연결점이 이어지는 효과가 있다. 다양한 경험과 지식을 얻을 수 있다. 뒤집어 생각하는 것은 자기 자신과 주변 환경에 대한 이해를 높이고, 성공적인 결정을 내리는 데 도움을 준다. 새로운 시각과 관점을 존중하며 꾸준히 다양한 관점으로 생각하는 훈련은 글쓰기를 통해서 단단해질 수 있다. 끊임없이 노력하고 나태에 굴복하지 않는다면 원하는 바에 다가갈 수 있다. 목표를 달성하기 위해서는 반복하고 실천해야 원하는 바를 이룰 수 있다. 무심히 실행하다 보면 나도 모르는 사이 내가 원하는 모습이 되어 있는 경험을 하게 된다.

3

함께하는 글쓰기 인생 공부

"당신 앞의 누군가에게 이야기한다고 상상하고,
그가 지루해 떠나지 않도록 하라."

제임스 패터슨

코로나 19, 3년 동안 베트남 하노이에 갇혀 지내는 동안 내가 성장할 수 있었던 원동력은 독서와 글쓰기였다. 코로나가 전 세계에 퍼지기 전 2019년도에 내가 읽은 책이 있다. 약한 연결의 힘『친구의 친구』데이비드 버커스 작가의 책이다. 이 책에서 작가는 어떻게 성공적으로 네트워킹할지에 대한 단편적인 요령뿐만 아니라 더욱 의미 있는 인간관계를 만드는 방법을 알려준다. 연구 결과에 기반한 체계적 행동 방법 또한 알려주는 책은 네트워킹에 대한 나의 인식을 바꿔놓았다. 인맥을 쌓기 위해 이곳저곳을 다니며 사람들에게 명함을 뿌리는 것보다 더 나은 네트워킹 방법이 있다. 바로 그 방법을 데이비드 버커스 작가가 알려주었다. 약한 연결의 힘은 느슨한 연결을 의미한다. SNS를 통해서 전 세계와 연결된 사람들은 네트워크 안에서 공동체다. 오프라인이 아니어도 온라인으로 사람들은 연결되어 만날 수 있게 된 것이다. 코로나 19, 3년의 봉쇄 기간은 나에게 물리적 신체적 감금 상태였지만 정신적으로는 가장 자유로운 활동을 경험했다.

빨리 가고 싶다면 혼자 가고, 멀리 가고 싶다면 함께 가라

2020년 12월, 인스타 라이브 방송에서 "책을 꾸준히 읽고 싶은데 그게 잘 안 돼요. 어떻게 해야 꾸준히 읽을 수 있나요?"라는 질문을 받았다. 나도 책 읽기 루틴을 만들기까지 적잖은 시간이 필요했다고 대답했다. 내가 책을 읽었던 방법은 단순하다. 너무 단순해서 나의 방법을 이야기하면 의심하는 사람이 있었다. 『생각에 관한 생각』 대니얼 카너먼 교수가 말한 시스템 1을 강화하기로 했다. 그 방법은 정해진 시간에, 정해진 분량을 매일 꾸준히 읽는 것이다. 반복 행동을 하다 보면 어느새 생각하지 않아도 내 몸이 저절로 움직이고 습관이 만들어진다. 엔절라 더크워스 교수의 『그릿』 책은 아이큐와 재능, 환경을 뛰어넘는 열정적 끈기의 힘에 대해서 작가가 10여 년 동안 연구한 결과를 발표한 책이다. 아침에 눈 뜨면 잠자리 정리하기, 기지개 켜기, 바닥에 앉아 1분 명상하기, 10분 스트레칭 운동하기, 1시간 독서하기가 코로나 봉쇄 기간 아침 루틴이었다. 일상에서 정해진 시간에 반복 행동을 하다 보면 나의 뇌는 특별히 신경 써

서 명령하지 않아도 자동으로 그 일을 하게 했다. 처음 루틴을 실행할 때
는 분명히 소요된 시간을 써보면 1시간 15분이 채 되지 않는다. 그런데
실제로 시계를 보면 소요 시간은 보통이 한 시간 반을 넘겼다. 매일 매일
반복하다 보면 어느 순간 다이어리에 기록한 만큼의 시간이 필요했다.
일상의 반복 패턴을 만들어 실행하고 루틴을 만들면 된다. 나 역시 처음
에는 책 읽기를 지속해야 하는데 습관을 만들기가 어려웠다. 독서 루틴
을 만들기 위한 몇 가지 방법이 있다. 새로운 루틴이 추가되면 적응하기
까지 꽤 시간이 걸린다. 독서를 즐기는 친구나 가족과 함께 독서 모임을
만든다. 굳이 책에 관심 없는 가족과 독서 모임을 만드는 것이 현실적으
로 어려울 수 있다. 그런 경우는 온라인 독서 모임 커뮤니티에 가입해서
함께 책을 읽어보는 것이다. 서로가 책 추천을 하거나 독서 모임에서 독
서 경험 많은 사람이 책 선정을 하고 함께 읽으면 도움이 된다. 독서 경
험을 나누는 경험 자체만으로도 독서 습관 형성에 도움이 된다. 지속적
인 노력과 꾸준한 독서 습관 형성을 위해 커뮤니티의 역할은 중요하다.
즐거운 독서 생활을 만들기 좋을 것이다. 나는 독서 모임 '닥.책.모'를 운
영하면서 성장하는 회원들의 독서 습관을 눈으로 확인할 수 있었다. 『그
릿』에서 언급한 그릿 점수가 높은 사람일수록 독서 습관 만들기 아웃풋
결과가 좋았다.

　나는 내가 경험한 초보 독서가 시절의 경험을 나누기로 했다. 책을 접
해보지 않았던 사람들에게 책 읽기 습관을 만들어 줄 수 있는 독서 모임
을 만들었다. '닥.책.모' 독서 모임은 나에게는 독서 활동에 대한 긍정적
인 영향을 뚜렷하게 경험하게 했다. 회원들에게는 책 읽는 사람으로 변
화하는 초보 독서가의 경험을 하게 하므로 해서 자기 자신에 대한 자신

감과 꿈을 불어넣게 되었다. 독서가 스스로 찾은 긍정적인 결과물이었다.

2021년 4월, 자이언트 북 컨설팅 책 쓰기 수업에 입과는 나에게 여러 가지 의미가 있다. 부정적인 생각과 남 탓하는 마음으로 가득하던 나를 긍정적인 사고를 하게 도와주었다. 책 쓰기 수업이었지만 인생 공부 수업이었다. 책 쓰기 수업에 입과 하고 나는 마음을 닦는 사람으로 거듭나는 태도를 배웠다. 눈에 보이는 성과나 성공이 중요한 것이 아니라 의미를 찾아 나 개인의 성장이 훨씬 중요하다는 걸 알았다. 내가 책 쓰기 수업에 입과 하고서도 바로 책을 쓸 수 없었던 이유가 있다. 나의 마음 상태가 정리되지 않았기 때문에 독자에게 전달할 좋은 긍정적인 메시지가 나오지 않았다. 작가에게 있어서 누군가에게 긍정적인 영향을 끼칠 수 있는 글을 쓴다는 것은 흉내 낼 수도 없고 따라 할 수도 없는 작가 자신의 진정한 생각과 마음이 드러나는 행위이기 때문이다. 내가 책 정보를 얻었던 것은 주로 SNS에서 서평을 읽거나 유튜브에 나오는 책 관련 정보였다. 사람들이 관심 있는 주제인 돈이나 마케팅과 관련된 책이 추천 도서로 올라왔지만 '천무'에서 추천한 책은 대부분 이전에 내가 들어보지도 못했던 책들이었다. 천무의 선정 도서는 이전의 내가 읽던 책과 결이 달랐다. 이전에 나에게 천무 선정 도서와 같은 책을 권해준 사람이 없었다. 천무의 추천 도서를 읽고 서평을 쓰면서 나는 점점 변해갔다. 글을 쓰는 사람이 되기로 마음먹을 수 있었다. 독서 모임을 하고 2주에 한 번씩 줌으로 모여 책을 읽은 소감과 자신만의 어록을 만들고 발표하는 과정에서 얻는 수확은 컸다. 같은 책을 읽었지만, 각자가 나름의 상황과 경험에 따라 다른 인사이트를 나눠주었다. 나의 경험과 상황에 대한 해석으로 같은 책의 같은 문장일지라도 다른 의견과 관점으로 이야기하는 경험은 즐거운 경험이다. 뭣보다 시간제한을 두고 운영하는 독서 모임 방식은 내가 독서 모임을 할 때 시간 관리하지 못하고 5-6시간씩 진행하던 방식에 대한 반성의 계기가 되었다. 읽고 쓰는 방법에 대한 지식의 배움뿐만 아니라고 인생을 이야기하는 독서 모임은 빠질 수 없는 나의 또 하나의 루틴으로 자리 잡았다. 독서 루틴이 이제야 만들어진 거 같은데 글쓰기를 시작하고 난 후부터는 독서 루틴 만들기는 되레 쉽게 느껴졌다.

독서 커뮤니티

독서를 다른 이와 함께 해서 좋은 이유다.

첫 번째, 독서를 함께하는 것은 서로의 지식을 공유하는 좋은 방법이다. 책을 읽으면서 생각이나 통찰을 나누고, 서로의 해석과 이해를 비교해보며 더 깊은 이해를 얻을 수 있다. 이는 흥미로운 토론과 자신의 시각을 넓히는 데 도움이 된다. 두 번째, 독서 동기 부여다. 독서를 혼자 할 때는 동기 부여가 어려울 수 있다. 하지만 함께 독서를 하면 동기 부여가 자연스럽게 된다. 친구나 독서 모임과 함께 읽는다면 다른 사람들과 함께 읽은 책에서 얻은 바를 이야기하고 의견을 나누며 자신의 독서 목표에 대한 책임감이 생긴다. 세 번째, 독서 모임 구성이다. 독서를 함께하는 것은 독서 모임을 구성하는 좋은 방법이다. 비슷한 관심사를 가진 사람들과 함께 독서 활동을 즐기면 독서 커뮤니티를 형성하고 다양한 책 추천을 받을 수 있다. 이는 새로운 장르나 작가를 발견하고 독서 경험을 더욱 풍부하게 만들어줄 수 있다. 네 번째, 사회 경험이다. 독서를 함께 하는 것은 사회적인 경험이다. 책을 함께 읽으며 좋은 대화를 나누고, 다른 사람들의 생각과 감정을 공유할 수 있다. 독서는 소통과 연결을 형성하는 좋은 주제가 될 수 있으며, 서로를 더 잘 이해하고 친밀감을 형성하는 데 도움이 된다. 다섯 번째, 새로운 관점과 인사이트 얻을 수 있다. 다른 사람들과 함께 독서를 하면 다양한 관점과 인사이트를 얻을 수 있다. 다른 사람들의 해석과 이해는 자신의 시야를 넓히고 새로운 아이디어와 관점을 발견하는 데 도움이 된다. 이는 창의적인 사고와 문제 해결 능력을 향상하는 데 좋다. 함께하는 독서는 개인적인 독서 경험을 확장하게 하고 사회적인 연결 형성을 자연스럽게 하기 좋은 방법이다. 다른 사람들과 함께 독서를 즐겨보면 이러한 즐거운 경험을 하게 될 것이다. 타인과 느슨한 연결을 통한 적당한 거리의 인간관계로 인생에 도움 되는 인사이트를 나누는 경험이 가능하다.

노력과 인내는 필수지

> "어제와 똑같이 살면서 다른 내일을 기대하는 것은
> 정신병 초기 증상이다."
>
> 아인슈타인

백조의 발장구

원하는 바를 이루기 위해서는 지속적인 실천과 투자가 필요하다. 목표를 달성하는 데 필수 요소이다. 지속적인 노력 없이는 목표를 이루는 것이 어렵다. 꾸준한 노력이 필요하다. 습관을 통해 원하는 바를 더 쉽게 실현할 수 있고, 노력 없이도 자연스럽게 목표에 도달할 수 있다. 자기 자신을 계속 발전시키는 더 나은 결과를 얻기 위해서는 지속적인 자기 계발과 성장이 필요하다. 어려움과 장애물이 있을 때 지속적인 노력과 투자는 도움이 된다. 어려운 상황을 극복하고 더 강해질 수 있다. 일관성 있는 지속적인 실천과 투자는 상대에게 신뢰감을 줄 수 있다. 협력과 지지를 받는 데 도움이 된다. 끊임없이 자기 계발을 위해서 투자하는 모습은 새로운 기회를 창출할 수 있게 도와준다. 기회를 놓치지 않고 적극적으로 기회를 잡기 위해서 지속적인 노력이 필요하다. 이러한 노력을 하다 보면 성취감과 만족감을 느낄 수 있다. 이는 자신에 대한 자신감을 키우고 자기 자신에게 긍정적인 영향을 미친다. 지속적인 실천과 투자는 목표 달성과 개인적인 성장을 위해 중요한 요소이다. 호수 위에 우아하게 있는 듯한 백조도 물 아래에서는 쉴 새 없이 물장구를 치고 있는 모습을 본다면 끊임없는 노력이 억울하지만은 않다.

운도 연습과 함께 온다

학창 시절 공부에 관심 없던 내가 평생 자기 계발 학습을 하게 될 줄은 몰랐다. 대학을 입학하고 나서야 하고 싶은 공부를 발견하고 꿈이 생겼다. 꿈을 이루기 위해서 20대 동안 번 돈은 대부분 학비로 썼다. 1996년 도매 시장에서 디자이너로 일할 때 제법 많은 돈을 벌었다. 디자이너 시작할 때 초임은 적었지만 6개월이 지났을 무렵부터 디자인을 제안할 기회가 생겼다. 운이 좋게 디자인했던 제품마다 판매 성과가 좋아 상여금을 받았다. 그 당시 패션 시장은 호황기였다. 그 덕분에 미술 디자인 공부를 지속할 수 있을 만큼의 돈을 마련할 수 있었다. 학비가 많이 들어가는 디자인 대학원 석사과정까지 마칠 수 있었다. 내가 도매 시장에 내놓은 상품 디자인이 좋아서 잘 팔렸다기보다 소비자가 원하는 상품을 재빠르게 만들어 준 것뿐이었다. 눈치가 빨랐다. 신기했던 건 그냥 느낌이 될 거 같아서 밀었는데 연타로 판매가 잘됐다. 그러니 운이라는 것이다. 한두 번의 성공 경험은 나를 더욱더 꾸준히 공부하게 했다. 꾸준히 패션 트렌드 정보를 모아서 분석 연습했다. 1996년 당시에는 인터넷이 없던 시절이었다. 그 당시에는 명동에 있는 중국 대사관 앞에 가면 수입 잡지를 판매하는 서점 서너 곳이 있었다. 한 권에 그 당시 돈으로 5만 원에서 10만 원 정도로 나에게는 거금이었다. 비싼 패션 잡지들을 사서 보고 트렌드 정보를 얻을 수 있었다. 주말 낮에는 압구정 현대백화점, 갤러리아 백화점을 보고 중국 대사관 앞 수입 서점에서 책을 보고 명동으로 나와서 명동 로드 숍을 둘러보고 길 건너 롯데 백화점, 신세계 백화점과 명품관까지 둘러보았다. 밤이 되면 동대문 새벽시장 조사까지가 나의 시장 조사 루틴이었다. 어느새 30년 가까이 나는 패션 트렌드 자료를 습관처럼 본다. 요즘은 온라인에서 손쉽게 트렌드 정보를 얻을 수 있는 세상이다. 당장 내가 하는 일과 관계가 없어도 흐름을 놓치지 않으려고 노력한다. 어떤 일이든 하루아침에 이루어지는 일은 없다. 그저 나의 루틴을 실행할 뿐이다.

언어 학습에 대해서 말해보자면, 해외 출장 기회가 많았다. 영어를 말할 줄 몰라서 현지 담당자들과 직접 소통할 수 없어 답답했다. 공장 관계자와 직접 소통하고 싶었다. 2006년 겨울 즈음 나는 삼성동에 있는 영어 아카데미(Wall Street Institute)에 등록했다. 3년 과정을 등록했다. 장기전을 결심했다. 대학원 학비에 맞먹는 학비였지만 등록했다. 이전까지 내가 선택했던 토플과 토익 학습은 효과적이지 않았다. 나는 외국인과 대화를 하고 싶었는데 점수를 받는 영어 학습이 나에게 맞지 않았다. 영어 아카데미 학습 규칙은 학원 내에서는 영어로만 소통 가능했다. 매주 배운 문법과 듣기를 온라인을 통해서 레벨 테스트를 통과해야만 다음 레벨로 넘어갈 수 있었다. 학원에 처음 등록하러 갔을 때 데스크 직원이 나에게 원어민 발음으로 폭풍 영어를 쏟아내던 기억이 난다. 나는 그저 말 없이 웃음으로 답할 뿐이었다. 이전까지 공부하던 영어와 다른 학습 방법이었다. 영어 카드놀이로 스무고개 정답 맞히기, 주제를 정해서 토론하기 등 자유 대화 시간은 재밌었다. 영어 개인 과외 선생님과도 공부했다. 좀 더 듣기와 말하기 공부를 밀도 있게 하려고 투자했다. 중국어는 회사가 중국 법인 사업이 잘되면서 한국 본사에서 중국어 강좌 새벽반을 개설했다. 중국 주재원으로 나가고 싶었던 나는 중국어 새벽 수업에 자원했다. 적극적으로 중국 주재원으로 나갈 기회를 어필했다. 중국어는 한문 좋아하는 나에게 유리했다. 한문은 그림 그리는 것만 같아서 재밌었다. 중국어 공부는 정작 중국에 가서 3년이 지난 후에야 상해 동화대학교 주말 어학당에 등록해서 본격적으로 공부했다. 시간적인 문제로 평일은 후다오(개인 과외 선생님)를 사무실로 불러서 새벽에 공부했다.

현재 베트남어는 개인 과외 선생님을 주말에 집으로 불러서 공부하고 있다. 베트남어 선생님의 이름은 Sammy다. 영어 공부도 할 겸 베트남어 선생님과 영어로 수업을 한다. 그녀는 대만으로 유학 준비 중이라서 중국어 공부 중이었다. 중국어로 소통하며 수다를 떨기도 했다. 베트남어 선생님과는 주말에 함께 박물관을 가기도 하고 베트남 현지 글쓰기 캐나디안 작가의 영어 클래스에 함께 가기도 했다. 그녀는 나에게 수업 이외 활동으로 다양한 사람들과 만나고 참여할 기회를 만들어주었다. 언어 공부 역시 재밌어야 지속할 수 있다.

코로나 시기에 온라인 마케팅을 배웠다. 인스타그램 코치를 바꿔가며 수업을 연달아 수강해서 SNS 마케팅을 배웠다. 기존에 내가 공부했던 오프라인 마케팅과 온라인 마케팅은 다른 영역이었다. 책 읽기를 5년 동안 코치 없이 읽었다. 책 읽기는 특별한 선생님이 필요 없는 줄 알았다. 코치가 필요하다는 것을 독서 5년이 넘은 시점에 깨달았다. 책 쓰기 수업을 등록했을 때는 책은 수업만 들으면 쓸 수 있을 줄 알았다. 글쓰기는 생각보다 어려웠다. 작가들에게는 창작자의 고통이 있다. 그만큼 글쓰기는 어려웠다. 책 쓰기 수업을 수강하면서 라이팅 코칭 과정에 등록했다. 본래 내가 누군가를 가르치면 학습 효과가 배가 된다. 라이팅 코칭 과정을 통해서 글쓰기 방법을 가르치는 코치의 시선으로 책 쓰기를 대하자, 글쓰기를 대하는 나의 태도는 독자를 위한 글을 써야 한다는 생각으로 바뀌었다.

지속적인 실천과 투자를 하는 방법을 정리하자면 이렇다.

첫 번째, 명확한 목표를 설정해야 한다. 먼저 달성하고자 하는 목표를 명확하게 설정한다. 구체적으로 현실적인 목표를 세우면 꾸준히 노력하기 쉬워진다. 두 번째, 계획 수립을 한다. 목표를 달성하기 위해 계획을 세운다. 작은 단계로 나누어 계획을 구체화하고 일정을 정하여 계획을 지키도록 노력한다.

세 번째, 포기하지 않고 실천하기 위해 매일 또는 주간 등 일정한 시간을 확보한다. 예를 들어, 특정 시간대에 목표에 집중하는 시간을 정해두면 지속적인 실천이 가능하다. 네 번째, 자신에게 동기 부여를 주는 것이 중요하다. 목표를 이루는 데 느끼는 가치를 인식하고, 성취를 위한 동기를 유발한다. 다섯 번째, 지속적인 노력을 위해 습관을 형성해야 한다. 작은 습관부터 시작해서 꾸준히 실천하면 자연스럽게 끊임없는 투자가 가능해진다. 여섯 번째, 어려움이나 실패에 직면했을 때 포기하지 않고 대응하는 방법을 찾는다. 새로운 방법을 시도하고 문제를 해결하는 방법을 익힌다. 일곱 번째, 평가가 뒤따라야 한다. 주기적으로 진행 상황을 평가하고 조정한다. 목표 달성을 위해 필요한 조치를 적용하고 유지한다. 함께 목표를 이루는 과정에서 지속적인 동기 부여와 지지를 얻을 수 있다. 성장을 이루는 핵심 요소이다. 노력과 인내를 가지고 계획적으로 행동하면 목표를 달성하는 데 다가가기 유리하다.

길라잡이 코치가 필요해

"형제의 배가 강을 건너도록 도와주라.
그러면 너의 배도 물가에 도착하게 될 것이다."

힌두교 속담

빨간 깃발을 든 가이드

코칭은 개인이나 조직이 목표를 달성하는 데 도움을 준다. 코치는 목표를 설정하고 달성하기 위한 계획을 함께 만들어 줄 수 있다. 개인의 역량과 능력 개발에 도움 주며 개인의 잠재력을 최대한 발휘하고 발전할 수 있도록 기회가 있다. 코칭을 통해 자기 자신을 더 잘 이해하고 인식할 수 있다. 개인의 강점과 약점을 파악하며 새로운 가능성을 발견할 수 있다. 자기 자신을 더 잘 이해하고 인식할 수 있다. 개인의 강점과 약점을 파악하며 새로운 가능성을 발견할 수 있다. 개인의 균형을 유지하며 건강하며 안정적인 상태를 유지할 수 있도록 도와준다. 문제 해결과 의사 결정 능력 발달에 도움을 준다. 새로운 관점에서 문제를 바라보고 효과적인 결정을 하도록 도와준다. 직업적인 성장과 경력 발전을 위해 코칭은 중요한 역할을 한다. 새로운 기술을 익히고 경력을 발전시키는 데 도움을 주고 목표를 설정하고 그에 따른 행동을 유발하기에 좋다. 목표지향적인 생활을 촉진하고 균형 잡힌 도전 과정을 경험하게 하고 더 높은 성과에 도달할 수 있다.

베트남 하노이에서는 2020년 1월부터 코로나 19 바이러스 확산으로 전 세계 각국이 봉쇄되었다. 2020년 상반기까지는 두세 명 정도 모여서 하는 식당에서의 식사는 허용하는 분위기였다. 그러나 하반기 접어들면서는 식당, 노래방, 술집, 운동경기장, 헬스장 등 사람이 모이는 장소는 모두 차단, 봉쇄되었다. 2021년이 되면서부터는 전면 봉쇄되어 배달 음식조차 받을 수 없게 식당도 폐쇄되었다. 영업이 가능한 곳은 슈퍼마켓뿐이었다. 아파트 밖으로 나가지도 못하는 기간이 6개월이 넘었다. 나는 반찬 만들기에 도전했다. 상해 있을 때 몇 번 시도해 본 적은 있지만 언제나 실패했다. 맛이 있을 리 없었다. 이전까지 나는 요리를 시도해 볼 생각도 안 했다. 기껏해야 내가 할 줄 아는 음식은 라면 끓이기, 달걀부침, 호박전, 고구마전 등 요리라고 이름 붙이기 창피한 음식만 만들 수 있었다.

2017년 중국 상해에 있을 때 한국식 된장찌개가 먹고 싶어서 재료를 사다가 만들었던 적이 있다. 어디서 들은 건 있어서 된장, 감자, 양파, 조개, 고추, 마늘, 다시다, 두부 등 재료를 한 보따리 사 왔다. 나는 사 온 모든 재료를 깨끗이 닦고 손질했다. 재료를 잘라서 중간 크기 냄비에 모두 다 넣었다. 남김없이 모조리 넣었다. 재료가 넘치자 곰국 냄비를 꺼내서 재료를 옮겨 담았다. 만들면서도 된장찌개가 너무 많은데? 라고 생각하면서도 의심 없이 모든 재료를 쓸어 담았다. 냄비는 상해 주재원 나올 때 엄마가 사준 냄비 세트 중 가장 큰 냄비였다. 상해 나온 지 4년 만에 처음으로 꺼낸 냄비였다. 물을 얼마나 부어줘야 할지 몰라서 그냥 생수 1ℓ 2병을 다 쏟아부었다. 된장찌개를 끓인다고 끓였는데 곰국이 되었다. 아무래도 물이 너무 많았다. 색깔이 허여멀건 해 보였을 때 한 수저 맛을 보았다. 너무 싱거운 듯해서 사 온 500g 된장을 모두 다 긁어 넣어버렸다. 국물을 줄이려고 화력 좋은 중국식 가스 불을 가장 크게 활활 지폈다. 된장찌개인지 정체 모를 국이 탄생했다. 너무 맛이 없어서 쏟아 버렸다. 그뿐만 아니다. 또 한번은 생일에 미역국을 내 손으로 끓여 먹어 보기로 했다. 마음먹고 미역을 사다가 물에 불렸다. 3~4인용 미역 한 봉지를 냄비에 모두 쏟고 물을 부어두고 잤다. 다음 날 아침, 미역 산사태를 목격했다. 나는 누가 간밤에 들어와서 싱크대 위에 암막 커튼을 덮어 놓은 줄 알았다. 미역 줄기가 마치 광년이 머리 풀어 놓은 듯이 싱크대 위에 펼쳐져 있었다. 미역 줄기를 쓰레기봉투에 담으며 내내 요리를 시도한 나를 원망하며 머리를 쥐어뜯었다. 안 그래도 바쁜데 뭘 해 먹겠다고! 그냥 오뚜기 3분 미역국이나 사서 먹고 말지. 생일날 미역 줄기 가발 파티를 아침부터 거창하게 치렀다. '역시 난 안 되는구나. 요리는 아무나 하는 게 아니야.'라고 체념해 버렸다. 요리를 배운 적 없이 혼자 하려니 될 리가 없었다.

2021년 유튜브 백종원 TV 채널에 쉽게 따라 할 수 있는 음식 메뉴의 조리법, 조리 영상을 보고 따라서 만들어 보기로 했다. 해외팀 선수들을 위해 구하기 어려운 한국 재료를 대체할 현지 재료를 소개했다. 혼자 사는 사람을 위한 일인 요리 조리법도 알려줬다. 요리 크리에이터 유튜버는 내게 감사한 요리선생님이자 요리 코치이다. 조리법이 자세하게 나와 있고 그대로 따라 하기만 하면 됐다. 마트에 가서 레시피대로 재료를 샀다. 뭣보다 한식에 양념이 그렇게 많이 들어가는지 몰랐다. 간장, 식초, 미림, 정종, 참기름, 올리브유, 참깨, 후추, 고추기름, 고춧가루, 마늘, 고추, 쯔유, 요리당, 소금, 설탕 등 갖은 양념을 샀다. 각종 요리 크리에이터 채널을 보면서 코로나 내내 요리를 만들었다. 멸치볶음, 진미채, 어묵볶음, 떡볶이, 갈비찜, 감자 짜글이, 김치찌개, 미역국, 콩나물무침, 무생채, 숙주나물, 감자 달걀 부침개, 부대찌개, 불고기, 김치 나베 등 별의별 메뉴를 만들어 먹을 줄 안다. 요 며칠 전에 친구 윤아는 말했다. "지안아, 멸치볶음이랑 진미채 해줘. 농담 아니고 너 꺼 멸치볶음은 진짜 맛있어. 너 멸치볶음, 진미채만 만들어서 팔아라."라며 띄워주기도 한다. 미역국을 끓일 때 더 이상의 광년이 머리 푼 미역 줄기 모습은 찾아볼 수 없다. 한동안은 조리법을 외워 만들지 못해서 버벅거렸다. 요즘은 조리법을 보지 않고도 제법 그럴싸한 반찬을 만든다. 코치 없이 요리를 시도하는 용기는 무모했다. 시도하기 전에 요리하기 위한 조리법과 요리 방법에 대한 학습이 필요했다. 공부하는 태도가 잘못되었다. 요리 실습을 무작정 시도하기 전에 적당한 선생님이나 코치를 찾아 배웠어야 했다. 모르는 걸 배울 때는 코치의 도움이 필요하다. 코치에게 내가 가지고 있는 문제를 해결할 수 있도록 문제점을 진단받고 코치의 가이드에 따라 적절하게 실행하는 것이 좋다.

인생 공부 글쓰기

나는 책 쓰기를 배우러 갔다가 글쓰기를 배웠다. 글쓰기를 배우려다가 인생을 배웠다. 글을 쓰기 위해서는 나 스스로 자기 자신의 주인이 되어야 했다. 내가 책 쓰기 수업을 2년 넘게 수강하고서도 책을 쓸 수 없었던 이유는 내 인생의 주인공인 내가 주인공 역할을 못했기 때문이다. 글을 쓰는 방법보다 먼저 나의 문제를 해결해야 했다. 내가 해결해야 할 나의 문제가 무엇인지 파악해야 했다. 나의 문제는 내가 가장 잘 알고 있는 것 같지만 실상 내 경우를 보면 제대로 파악하지 못했다. 어떤 일을 배우는 사람에게 있어서 길을 모르면서 찾아가는 데는 시간이 오래 걸린다. 그래서 그 길을 먼저 가본 사람의 도움을 받으면 쉽고 빠르게 목표하는 지점에 도달할 수 있다. 글쓰기와 책 쓰기 공부보다 나에게는 인생 공부가 먼저 필요했다. 나는 책 쓰기 수업에서 인생 공부 코치를 만났다. 책 쓰기 코치의 선정 도서를 읽고 글을 쓰면서 나는 크게 변하기 시작했다. 나의 리딩 메이트 윤 여사도 함께 변했다. 아주 많이. 문제를 찾고 해결하는 것이 중요한 이유를 책을 쓰며 정리해 나아가고 있다. 이보다 더 좋을 수가 없다.

케빈 홀 작가의 『겐샤이』 책에 보면 코치에 대해서 이렇게 표현되어 있다. "코치는 '중요한 사람을 목적지로 무사히 데려다준다.'라는 뜻이다. 알지 못한 것은 가르칠 수 없고, 가보지 않은 길은 안내할 수 없다. 누군가의 길을 비추어 줄 때 자신의 길을 분명하게 볼 수 있다. 전문가에게 길을 안내받는 사람은 배우는 기간이 줄어든다. 진정한 코치는 자신보다는 자기가 코치하는 사람들의 성과에 중점을 둔다. 자기 자신의 목적지에 먼저 가까워지지 않고서는 다른 사람들을 그들이 원하는 목적지로 데려갈 수 없다." 요리뿐만 아니라 독서, 글쓰기, 책 쓰기 그 어떤 배움이라도 코치가 필요하다. 여행 경험이 없는 사람이 처음 여행을 갈 때 패키지 여행을 선택하기 쉽다. 빨간 깃발을 든 가이드를 따라가면서 낯선 곳을 둘러본다. 가이드는 코치 역할을 한다. 코치 없이 가는 길은 길을 헤맬 수 있다. 시간이 오래 걸릴 뿐만 아니라 헛수고할 수 있다. 물론 헛수고라 해서 모두 부정적이지는 않지만 말이다.

6

나다운 아름다운 힐링 앤 플라워

아름다운이란, 나다운

마음이 약해졌을 때조차 자기 자신의 주인은 '나'다. 자기 자신을 믿는다는 것은 자기 자신을 신뢰하고 긍정한다는 의미이다. 이는 곧 자기 자신을 사랑하고 존중하는 자존감과 연결된다. 내 문제와 너의 문제를 섞지 않는다. 나다운 모습을 발견하고 자기 자신의 장단점, 뛰어난 부분과 부족한 부분을 둘 다 정확하게 파악하고 있는 사람이 자존감이 높다. 안정적인 자존감은 '나 자신이 누구냐?'에 대해서 정체성을 뚜렷하게 지니는 것에서부터 기원한다. 건강한 정체성을 지닌 사람은 자기 자신을 개별적인 개체로 인지한다. 나와 다른 사람의 경계를 뚜렷하게 인식한다. 내 문제는 내 문제, 너의 문제는 너의 문제, 내가 잘한 거는 내가 잘한 거, 네가 잘한 거는 네가 잘한 거, 비교적 명확하다. 자신과 남에 대한 평가 또한 명확하다. 나 자신과 다른 사람을 긍정적인 측면과 부정적인 측면 모두 통합된 개체로 바라볼 수 있는 능력이 있는 사람이 견고한 정체성이 있다. 그 결과 안정적인 자존감을 느낀다. 정체성이 확고한 사람은 상대방을 조정하려는 다른 사람의 의도를 방어할 수 있다. '아름답다.' 단어의 어원을 살펴보면 '나답다.'라는 뜻이 있다고 한다. 서정범 교수의 『어원 별곡』 책에 보면 '나다운 것'은 곧 '사랑한다. 예쁘다.'라고 하고 '나 아닌 것을 나답게 여기는 것'이다.

 2017년 봄, 상해에서 나는 꽃꽂이 모임에 참여할 기회가 생겼다. '힐링 앤 플라워'(이하 '힐플') 꽃꽂이 모임에 운 좋게 초대되었다. 파리 캐서린 뮬러 아트 센터에서 꽃꽂이 아트를 공부하고 온 재닛과 회원들은 꽃꽂이 전문가였다. 나는 당시 우울하던 시기였다. 협업부서 디자인 파트너인 로아는 어느 날 나를 힐플 모임에 게스트로 초대했다. 한 번도 경험해 본 적 없었던 꽃꽂이를 하니 마음의 안정을 찾을 수 있었다. 대면식을 한 후 다음 모임부터 힐플 회원으로 함께할 수 있었다. 2주에 한 번 꽃꽂이 모임을 하면서 모임 이름처럼 힐링하는 시간이었다. 그간 일만 하고 취미생활을 해본 적이 없었다. 모임이 있는 날에는 두 명씩 당번을 정해서 꽃 도매 시장에 가서 꽃을 샀다. 두 사람이 꽃꽂이 디자인을 상의해서 정하고 전체적인 컬러와 디자인 구성을 논의하는 과정은 즐거웠다. 서로의 생각을 나누는 좋은 기회였다. 기획했던 꽃이나 컬러가 없으면 디자인

변형을 했다. 살 수 있는 꽃으로 새로운 디자인을 구상하는 흥미롭고 재밌는 장보기였다. 나는 꽃꽂이도 좋았지만, 그날의 장보기 파트너와 도매 시장에 가서 꽃을 사는 일이 재밌고 좋았다. 상해 꽃 도매 시장은 규모가 크다. 지금은 상해 외곽으로 꽃 도매 시장이 이전했지만 이사 전에는 내가 사는 곳에서 가까운 상해 도심에 꽃 도매 시장이 있었다. 꽃 시장에 가서 미리 정한 디자인에 적합한 꽃과 부자재를 사는 일은 신나는 일이었다. 꽃을 사서 회원들과 꽃을 꽂으며 소소한 일상의 이야기를 나누고 점심 식사를 함께하는 시간이 행복했다. 테이블에 앉을 수 있는 사람이 총 6명이라서 모임 정원은 여섯 명으로 운영했다. 나는 결원이 생겨 운 좋게 모임에 들어갈 수 있었다. 스텔라 언니, 루시아, 로아, 필립, 도나, 재닛 그리고 나. 6명은 주말에 모여서 꽃을 꽂았다. 팍팍한 해외 생활의 외로움을 달랠 수 있는 모임이었다. 만약 그 당시 힐플 모임이 없었다면 나는 상해 생활을 어떻게 버텨 냈을까. 회원들과 대화하면서 나는 나의 문제에 대해서 생각하게 되었다. 여섯 명 모두 상해에서 일하고 있는 사람들이라서 나의 어려움에 대해서 공감하기도 하고 뼈 때리는 조언도 해주었다.

꽃꽂이 디자인에 따라 꽃바구니 혹은 수반이나 꽃병 등은 기획하는 디자인에 따라 부자재를 달리했다. 바구니로 꽃꽂이를 하는 경우, 시작하기 전에 먼저 하는 작업은 오아시스를 디자인에 맞춰 자른다. 디자인의 중심을 잡고 꽃을 꽂아준다. 이 과정에서 전체적인 무게 중심을 어디에 두고 작업할지를 염두에 두고 꽃을 꽂아야 한다. 중심이 흔들리거나 쏠리게 되면 기획 의도와 다른 형태의 꽃꽂이 결과물이 나온다. 스텔라 언니는 나보다 나이가 많은데도 항상 존댓말로 대했다. 한번은 언니에게 말을 놓아달라고 말했다. 그렇지만 언니는 그 후 몇 년이 지나도록 말을 놓지 않았다. 상대에 대해서 조심하는 태도와 배려하는 모습을 보고 나도 배우기로 했다. 말하는데 항상 조심하고 겸손을 유지하는 모습은 내가 배워야 할 모습이었다. 힐플 친구들과 지내면서 나는 심리적 안정감을 되찾게 되었다. 일과 관계가 없는 만남을 통해 나는 긴장에서 잠시 벗어났다. 비록 다시 사무실로 돌아가면 긴장하고 어깨와 목덜미가 굳어졌지만 힐플에서 만큼은 긴장을 늦출 수 있었다. 부정적이고 어두워진 마음의 그늘을 조금씩 걷어낼 수 있는 공간이었다.

회복탄력성이 뭐지

좌절감에 허우적대던 나를 도와준 『회복탄력성』은 김주환 교수가 쓴 책이다. 시련을 행운으로 바꾸는 마음 근력의 힘을 키우는 방법을 알려주는 책이다. 당시의 나에게 꼭 필요한 책이었다. 내가 잘못했던 일, 잘했던 일, 다른 사람이 잘한 일과 잘못한 일의 경계를 구분하는 연습이 필요하다는 걸 알려주었다. 회복탄력성의 두 가지 능력이 있는데 하나는 자기 조절 능력, 나머지 하나는 대인관계 능력이다. 자기 조절 능력 중 원인분석력이 중요한데 일어나는 일들의 원인을 정확히 파악해야 한다. 회복탄력성이 낮은 사람은 나쁜 일에 대해서는 내가, 언제나, 모든 면이 다 그렇다는 식으로 크게 생각하고, 좋은 일에 대해서는 남도, 어쩌다가, 이번 일만 그렇다는 식으로 그 의미를 축소해서 받아들인다. 회복탄력성이 높은 사람은 이와는 정반대로 한다. 나쁜 일에 대해서는 그 의미를 축소하고 좋은 일에 대해서는 더 크게 일반화해서 받아들인다.

　나에 대해서 생각해 보니, 힐플 친구들이 공통으로 나에게 했던 피드백이 있다. 내가 너무 상황을 부정적으로 보는 거 아니냐고 했다. 그럴 수 있는 일에 대해서 민감하게 받아들이고 있는 건 아닌지 다시 생각해 보기를 제안했다. 원인분석력의 기본이 되는 것은 긍정적인 스토리텔링의 능력이다. 인생에서 최근에 일어난 부정적인 사건에 대해 자기 자신이 어떻게 생각하고 반응하는가를 자세히 분석해 보는 거다. 책에 따르면, 부정적인 사건에 대해 비개인적이고, 일시적이고, 특수하게 받아들이는 습관을 들이도록 한다. 물론 좋은 일에 대해서는 개인적이고, 영속적이고, 보편적인 것으로 받아들이는 것이 좋다. 이렇게 세상일을 긍정적인 방식으로 받아들이는 습관을 들이면 자신의 회복탄력성은 놀랍게 향상된다고 했다. 그 당시의 나의 상황에 대해서 부정적인 생각을 멈추고 보편적으로 일어날 수 있는 일이라 받아들이면서 비로소 나는 나의 상황을 인정할 수 있었다.

　소통 능력은 인간관계와 설득의 능력이다. 원활하게 관계하고 설득을 잘하면 소통 능력이 뛰어나다는 뜻이다. 소통 잘하는 사람의 가장 큰 특징은, 주변에 사람이 많다는 거다. 오해 하나 풀고 가야겠다. 소통 능력이 말을 잘하는 능력은 아니다. 말은 어눌하게 하지만 호감 주는 사람이 있다. 말은 청산유수인데 왠지 가까이하고 싶지 않은 사람도 적지 않다. 말은 소통 능력의 일부일 뿐 전부가 아니란 사실을 잊지 말아야 한다. 말을 잘하지 못한다고 해서 소통에도 어려움이 있을 거라는 선입견을 지워야 한다. 말을 잘해야만 소통하는 줄 알았던 나. 지식과 분석적인 자료로 상대를 설득할 수 있다고 믿었던 나. 그랬던 사람은 이제는 없다. 감정을 중요하게 생각하고 나의 기준을 명확히 세울 수 있는 사람으로 거듭나련다.

  2023년 8월 4일, 지금은 한국에 있는 스텔라 언니로부터 보이스톡이 왔다. 오랜만의 연락이었다. 루시아가 한국에 들어가서 만났다고 했다. 스텔라 언니는 이제는 나에게 존댓말을 하지 않았다. 일기에 '스텔라 언니가 나에게 반말을 했다.'라고 썼다. 함박웃음과 함께.

7

마법의 주문, 수리수리마수리!

마르지 않는 샘물

개인적인 경험을 이야기 글쓰기로 나타내는 것을 경험 스토리텔링이라 한다. 이는 이야기를 통해 어떤 사건이나 상황을 효과적으로 전달하고 공유하는 방법이다. 경험 스토리텔링의 좋은 점은 감정을 공감하고, 기억을 생생하게 한다. 사람들은 이야기를 통해 더 나은 의사결정을 내릴 수 있다. 다른 사람의 경험을 듣고 배울 수 있으면 유사한 상황에서 실질적인 조언을 받을 수 있다. 다양한 관점을 얻을 수 있고, 공통된 경험을 공유함으로써 연결되는 느낌을 얻을 수 있다. 개인적이고 실제적인 이야기를 통해 듣는 사람들의 감정에 다가갈 수 있다. 이는 더 깊은 인상을 남기고 동심을 자극한다. 성공한 이야기나 어려움을 극복한 이야기는 듣는 사람들에게 동기부여 해주고 태도를 강화한다. 자신의 열정과 목표 달성을 위한 동기를 얻을 수 있다. 이야기는 감정적으로 호소하며 사실을 더 흥미롭게 전달할 수 있다. 이를 통해 커뮤니케이션의 효과와 영향력을 높일 수 있다. 재미있고 흥미로운 이야기는 듣는 사람들의 관심을 끌고 더 긍정적인 대화를 유도할 수 있다.

　2023년 8월, "부장님 5년 전에 하노이 오셨을 때랑 지금은 다른 사람이세요." 수줍은 미소를 지으며 정은 과장은 말했다. 베트남 하노이지사로 한국 본사 직원들이 출장 나왔다. 정은 과장은 6년 만에 베트남 출장이었다. 본사에서도 코로나 봉쇄 3년 동안 출입이 차단되었기 때문에 베트남에 들어올 수가 없었다. 나는 사무실 업무가 바빠서 출장자와 함께 공장에 동행할 수가 없었다. 한국어 통역직원인 탕과 함께 출장자가 공장을 둘러보도록 일정을 조정했다. 4일차 출장 마지막 날 공장 방문은 내가 동행했다. 출장자들과 공장을 함께 다니면서 공장 현장 상황에 대해 이런저런 이야기를 해주었다. 정은 과장은 출장 첫날부터 나와 같이 돌았으면 좋았을 텐데…라며 아쉬워했다. 현장에서 보고 생각할 수 있도록 설명이 필요했던 거다. 아쉬움을 뒤로 하고 다음 출장에는 내가 같이하겠다고 했다. 종일 공장을 다녀야 했기에 차 안에서 이야기꽃을 피웠다. 정은 과장, 서준 대리와 이야기하다 보니 나에 대한 피드백을 들을 수 있었다. 그들은 내가 많이 변했다고 했다. 내심 나의 변화를 어떻게 느낄지 궁금했다. 5년 전 내가 하노이에 온 지 얼마 안 됐을 때만 해도 무서운 사람이었다고 했다. 세상에 숨길 수 없는 세 가지가 있다고들 한다. 사랑, 가난, 기침이다. 여기에 한 가지 더, '변화'를 추가하고 싶다. 분노 조절을 못하고, 부정적이던 나를 바꾼 비밀을 말해주었다. 어떻게 바뀔 수 있었는지 내가 독서와 글쓰기를 통해서 변하게 된 방법을 말해주었다.

2018년 12월에 하노이에 발을 딛고 2년이 지나서도 여전히 나는 감정 통제를 잘하지 못했다. 나는 사람이 변하는 데 시간이 오래 걸린다고 생각했다. 그러나, 내 경험에 비추어 보면 변화하는 데 시간이 오래 걸리는 게 아니다. 문제를 깨닫고 반복적으로 문제를 해결 방법을 적용하다 보면 어느새 나도 모르게 문제를 해결하고 있는 나를 발견했다. 해결해야 할 자기 자신의 문제를 파악하는 것이 첫걸음이다. 책을 고를 때는 나의 문제를 인지하고 해결책을 알려줄 수 있는 책을 30권쯤 찾고 3개월 동안 전투적으로 읽는다. 집중적으로 읽는 독서는 어려운 관문이다. 아무리 좋은 책도 오랫동안 읽을 수가 없다는 문제가 있다. 좋은 책을 읽으면 변하는 건 알겠는데 끝까지 읽어내지를 못하니 문제였다. 책을 읽는 건 단순 반복하는 방법이 최고이다. 정해진 시각에 정해진 분량만큼 매일 읽어야 한다. 하루도 빠지지 않고 꾸준히 실행하다 보면 어느새 벽돌 책 한 권도 읽을 수 있는 사람으로 변할 수 있다.

책을 읽을 때도 기억에 남겨서 내 것으로 만드는 부분이 있어야 한다. 아무리 책 한 권을 완독했을지라도 시간이 지나면 잊어버리게 마련이다. 어렵사리 두꺼운 책을 읽었는데 요약해서 설명해 달라고 하면 말문이 막히는 경우다. 책을 읽고 책에서 주는 메시지와 주제를 파악해야 한다.

나는 처음 책을 고를 때 제목과 목차, 프롤로그, 에필로그를 먼저 읽는다. 보통은 이렇게 읽어보면 나와 결이 맞는 책인지 아닌지 알아볼 수 있다. 책을 읽기만 해서는 쉽사리 변하지 않는다.

　읽은 책에 대한 서평을 남겨야 한다. 서평의 내용에는 이 책은 어떤 독자를 위해서 썼는지? 책을 읽고 느낀 점은 무엇인가? 어떤 명문장이 있는지? 나는 이 책의 어떤 부분에 도움받았는지? 책을 읽고 느낀 바를 나의 삶에 적용할 만한 점은 무엇인지? 등을 파악해서 기록한다. 감동적인 부분은 일상에 직접 적용해야 한다. 효과적일 것 같은 내용은 일상생활에 적용해서 결과를 보는 것이 중요하다. 생활에 조금씩 적용하는 방법으로는 일기 쓰는 것이 효과적이다. 일기를 쓰고 SNS에 글을 공유하면서 나는 생각을 정리했다. 뭣보다 3권의 공저 책을 쓰면서 나는 다시 태어난 느낌마저 들었다. 이 모든 변화가 글쓰기를 배우고 책을 쓰면서 확연하게 드러난 변화이다. 책을 읽는 행위는 인풋이다. 가만히 있으면 사람은 절대 변하지 않는다. 독서를 통해서 정보와 지식과 감동을 얻게 되면 나를 변화시킬 동력을 얻게 된다. 변화 동력을 얻고 나면 나의 일상생활 어떤 부분에 적용해야 할지 생각하고 글로 쓸 수 있다. 예를 들자면, 감정이 요동칠 때면 현재 상황이 왜 나의 감정을 파도치게 하는지 살펴야 한다. 알고 보면 나의 감정을 출렁거리게 한 누군가의 말이나 행동이 있을 수 있다. 상대의 행동이나 말을 유심히 관찰하고 경청하면서 객관적으로 판단하는 연습이 필요하다. 이러한 연습 과정을 거치게 되면 어느 순간 습관이 된다. 나에게 가장 시간이 오래 걸렸던 건 독서 습관 만들기였다. 독서 습관을 만들고 어떤 책을 읽어야 할지 나보다 앞서 공부한 사람에게 코칭받는 것은 시간을 절약하게 된다. 코치를 통해서 배움을 확장할 수 있다. 나의 문제를 해결해 줄 책을 찾아 읽는 과정을 거치면서 나는 변화에 날개를 달 수 있었다. 독서와 글쓰기의 효과에 대해서 열심히 말했다. 이미 글로 썼던 내용을 말로 전달하다 보니 마치 내가 연습이라도 했던 것처럼 말이 술술 나왔다.

한국에는 태풍 '카누'가 상륙했다고 요란스럽게 뉴스 방송이 나오고 있었다. 출장자들이 타고 갈 비행기가 이륙을 못할 수도 있을 것 같았다. 이륙 못하면 어쩌겠는가. 천재지변인 것을. 인간이 걱정한다고 결과를 바꿀 능력은 없다. 단지 우리가 할 수 있는 일은 할 수 있는 최선을 다하고 좋은 결과를 만들어 내기 위해 고민하고 노력하는 것이다.

생각이나 사고는 현실이 된다

『원인과 결과의 법칙』제임스 앨런의 책에 이런 구절이 나온다.

"생각이나 사고는 현실이 된다." '생각하거나 사고하는 것만으로 소망이 실현된다니, 그런 일은 있을 수 없어!'라고 생각하는 사람에게는 어딘지 미심쩍은 마법의 주문으로 들릴지도 모른다. 하지만, 인생을 살다 보면 그런 일들을 목격하거나 경험하게 된다. 하늘이 도와 기적처럼 실현된 일도, 알고 보면 정말 단순하게 마음으로부터 나온 것이라는 사실이다. 머리를 굴려 그럴듯한 이유를 붙인 것이 아니다. 자신의 변화를 깨달아가면 분명 주변 사람들도 점점 변해간다. 심지어 모든 사건과 자신을 둘러싼 사람들이 차례차례 메시지를 보내고 있는 것처럼 느껴지기도 한다.

나와 가족이 변하고 함께 일하는 동료들이 나의 변화를 알아채는 일련의 과정은 나의 성장을 확인하는 좋은 기회이다. 무심히 매일매일 반복한 독서와 글쓰기는 나와 가족을 변화시키고 있다. 내가 할 수 있는 일과 없는 일을 구분하고 선택할 수 있는 눈을 갖게 한다. 책에서 배운 대로 나의 문제를 해결 가능한 일부터 실행한다. 적용하다 보면 하루 이틀 시간이 갈수록 나도 모르게 변화된 나를 만난다.

  정은 과장, 서준 대리와의 출장 마지막 날, 의미 있는 대화를 하면서 그들과 가까워진 느낌이 들었다. 마법의 주문, 수리수리마수리!
  "생각이나 사고는 현실이 된다."

8단계 트렌스포메이션 로봇 글쓰기

회복탄력성 글쓰기는 어려움과 도전에 직면했을 때 그 상황을 긍정적으로 극복하고 회복하는 과정을 글로 표현하는 것을 의미한다. 이는 어려운 시기나 스트레스 상황에서 내면의 강점을 발견하고 자기 회복 능력을 강화하는 방법이다.

글쓰기를 통해 자신의 감정, 생각, 반응을 분석하고 이해할 수 있다. 어려운 상황에서 나타나는 감정과 그에 대한 해결책을 찾아내는 과정을 통해 자기 이해가 높아진다. 글을 통해 감정을 표현하고 해소할 수 있다. 스트레스나 어려움을 글로 기록함으로써 내면의 감정을 더 쉽게 처리하고 해결할 수 있다. 회복탄력성 글쓰기는 긍정적인 면을 강조하고 글로 표현하는 데 중점을 둔다. 어려운 상황에서도 긍정적인 측면을 발견하고 강화하여 자신을 격려하고 도모한다. 자기 회복 능력을 강화하고 자신에게 도전을 극복할 자신감을 부여한다. 글로 정리하면서 무엇을 배웠는지 어떻게 성장했는지에 대한 인사이트를 얻을 수 있다. 이를 통해 미래의 도전에 대비하고 더 나은 방식으로 대처할 수 있다. 학습과 성장의 기회이다. 회복탄력성 글쓰기는 개인적인 회복과 성장을 촉진하는 도구로 활용될 수 있으며, 어려움을 긍정적으로 극복하는 과정을 기록하고 나누는 것이 중요한 역할을 한다.

나는 누구? 여긴 어디?

누구에게나 크든 작든 어려운 일은 있을 수 있다. 어려운 일이 닥치면 고통스럽고 견디기 힘들게 느낄 수 있다. 내가 극복해야 하는 힘든 일이 생길 때마다 나는 자신에게 말했다. 나는 성장하는 중이고 이 고통이 지나고 나면 또 다른 세상을 만나게 될 거다.

"이 또한 지나가리라."라는 유대인의 지혜서『미드라시』에 나오는 글귀다. 청소년기에 집이 망했을 때 두렵고 힘들었다. 하지만 자존감만큼은 무너지지 않았다. 왜냐면 엄마의 영향이었다. 엄마는 항상 당당하고 누구에게 꿀리는 구석이 없었다. 엄마의 그런 모습을 보면서 나도 어디 가서도 굴하지 않았다. 단지, 내가 싫었던 건 안정감 없는 경제적 출렁거림이었다. '돈은 다시 벌면 되지!'라고 생각했다. 아무리 어려운 일이 생겨도 엄마는 아버지 몫의 가장 역할까지 해냈다. 어린 시절에 집안의 출렁거림을 겪으면서 실수하거나 실패해서는 안 된다는 강박증이 생겼다.

목표한 바대로 성공해야만 한다는 생각이 나에게 자리 잡았다. 내가 달성할 수 있는 비교적 낮은 목표를 세우고 작은 성공을 경험했다. 그리고 반복했다. 작은 성공을 반복하면서 나도 '하면 된다.'라는 자신감이 생겼다. 낮은 목표, 작은 목표에 대한 도전은 실패해도 괜찮다는 안전장치가 되었다. 설령 실패하더라도 경험이라 여기고 재도전할 용기가 생겼다. 실패하면 어떠하랴! 다시 도전하면 된다!

꿈이 생기고 꿈을 향해서 달렸다. 주변을 살피지 않았다. 달리다 보니 주변에 사람이 남지 않았다. 혼자 달리고 있었다. "나는 누구? 여긴 어디?" 방황의 시간이 찾아왔다.

방황기에 나는 책이라는 스승을 만났다. 목표를 향해 내달리는 종마의 눈가리개를 벗어버리기로 했다. 설령 목표를 달성하지 못하더라도 최선을 다해서 좋은 결과를 내도록 노력하되 결과는 하늘에 맡기기로 했다. 주변을 살피고 나를 보았다. 나는 글쓰기를 하면서 나를 보는 훈련을 했다.

생각을 바꾸고 다르게 살기로 했다. 시작은 감정 통제였지만, 점점 감정을 통제하기보다 다른 사람의 말을 경청하고 상대의 상황과 감정 상태를 관찰하고 살피는 노력을 하기로 했다. 단숨에 변할 수 없었다. 일기를 쓰고 자기 암시 글을 쓰는 연습을 반복했다. 글쓰기는 나의 감정 상태를 확인하기에 좋은 도구이다. 며칠 시간이 흐른 후에 읽어보면 나의 상태를 객관적으로 판단할 수 있다.

8단계 트렌스포메이션 로봇 글쓰기

〔1단계〕경험을 정리한다. 어려웠던 상황이나 도전을 정확하게 기억하고 정리한다. 그 상황이 어떤 문제를 일으켰는지, 어떤 감정을 불러일으켰는지 등을 상세하게 기록한다.

다산 정약용은 이렇게 말했다. "왔던 길을 돌아보는 까닭은, 돌아가기 위해서가 아니라 헤매지 않고 바른길로 나아가고자 함이다." 지난 경험을 정리하면서 내가 선택한 선택지의 결과를 되짚어 보면 결과에 대해서 책임지고 앞으로 나가기 위한 더 나은 길을 선택할 수 있는 혜안이 생길 수 있다.

〔2단계〕감정 표현을 한다. 그 상황에서 느꼈던 감정을 표현한다. 분노, 슬픔, 불안 등 다양한 감정을 정직하게 쓰는 것이 중요하다. 나의 감정을 인식하고 나를 위로해 주고 나면 불안한 감정을 한결 달랠 수 있다. 나를 감싸 안고 위로해 주고 나면 타인도 돌아볼 수 있게 된다.

〔3단계〕긍정적인 측면을 발견한다. 어려움 속에서도 어떤 긍정적인 측면을 발견했는지 적어본다. 어떤 교훈을 얻었으며, 어떤 자기 성장이 이뤄졌는지 생각해 본다. 일기를 쓰다 보면 매일매일 일어났던 일을 기록으로 남기면서 눈으로 확인하게 된다. 감정을 알아채게 되고 변화를 알 수 있다.

〔4단계〕자기 회복 과정 기록이다. 어떻게 어려움을 극복하고 회복해나갔는지 세부적으로 기록한다. 어떤 전략을 조치했으며, 어떤 도움을 받았는지 기술한다. 회복 과정을 확인하기에 일기 쓰기만한 글쓰기가 없다.

〔5단계〕 자기 회복 능력 강화이다. 자신이 어떤 자원이나 강점을 활용하여 어려움을 극복했는지 강조한다. 자기 회복 능력을 강화하는 과정을 쓰면서 자신에 대한 자신감을 불어 넣는다.

〔6단계〕 미래에 대한 계획을 세운다. 이 경험에서 무엇을 배웠는지와 미래에 비슷한 상황이 발생했을 때 어떻게 대처할지에 대한 계획을 기록한다.

〔7단계〕 긍정적인 마무리다. 글을 마무리할 때 긍정적인 메시지를 전달한다. 경험을 통해 얻은 힘을 강조하거나 다른 사람에게 격려를 전해본다. 나는 일기를 쓰면서 훈련했다. 훈련을 통해서 독자에게 전달할 메시지에 대한 글쓰기를 연습했다.

〔8단계〕 정기적으로 쓴다. 어려움이나 도전이 있을 때마다 회복탄력성 글을 작성하여 자신의 성장을 계속 기록하고 추적한다. 상황이 어려워도 긍정적인 생각으로 함박웃음을 지을 수 있는 여유가 생긴다. 어려움 앞에 불안, 초조, 걱정, 두려움의 감정에 시달리던 때와 다른 일상을 보낼 수 있다. 단계별로 기계적으로 반복하면 어느새 몸에 익은 습관이 될 수 있다.

회복탄력성 글쓰기는 개인적인 회복과 성장을 뒷받침한다. 어려움을 긍정적인 강점으로 바꾸는 과정을 돕는 중요한 방법의 하나다. 글을 쓰다 보면 회복탄력성이 높아지고 어려운 상황에 더 잘 대처하게 되고 스트레스를 효과적으로 관리할 수 있다. 긍정적인 회복탄력성을 갖게 되면 스트레스가 찾아왔을 때도 더 빠르게 회복할 수 있고 긍정적인 에너지로 변환된다. 어려움을 극복하고 회복하는 과정을 통해서 자기 성장이 이루어진다. 회복탄력성을 발전시키는 과정에서 얻은 교훈과 경험이 개인적인 성장을 촉진하며 더 강하고 온전한 사람으로 성장할 수 있다. 목표만을 향해 달리던 나는 글쓰기를 하면서 나의 문제를 발견했다. 문제 해결을 위한 방법을 나의 문제를 해결해 줄 책을 찾아 읽으면서 하나하나 내 일상과 일에 적용했다. 대인관계에도 긍정적인 영향을 미쳤다. 어려움을 극복하고 회복하는 과정을 통해 다른 사람에게까지 긍정적인 에너지를 전할 수 있었다.

오늘 독서로 배운 바를 글쓰기로 남기며 일과 일상에 적용하고 실행한다.

오늘보다 더 나은 내일을 위하여.

마치는 글

"과거는 바꿀 수 있어도, 미래는 바꿀 수 없다."

사이토 히토리가 지은 『부자의 운』 책에 나온 문구이다.

'과거는 바꿀 수 없지만, 미래는 바꿀 수 있다.' 흔히 이렇게들 말하지만, 『부자의 운』 저자 사이토 히토리는 과거야말로 바꿀 수 있다고 말한다. '과거는 바꿀 수 있어도, 미래는 바꿀 수 없다'니 대체 무슨 의미일까? 과거에 일어난 일이란 한마디로 '추억과 경험'이라고 한다. 추억이라는 것은 나중에 얼마든지 바꿀 수 있다고 했다. 글쓰기 코치는 과거는 경험이라고 말했다. 경험을 통해서 독자에게 메시지를 전하는 사람이 작가다. 정의를 바꾸자 지난날의 나의 과거는 훌륭한 글감이 있는 작가가 되었다. 과거에 힘들었던 추억도 흐뭇하게 떠올릴 수 있는 사람은 분명 '지금 행복한 사람'이다. 글쓰기 덕분에 나는 행복한 사람이 되었다. 힘든 일을 겪고 있다 해도 시간이 흘러 행복한 추억거리로 떠올릴 수 있다면, 그 경험은 자신의 소중한 보물이 된다. 잡초가 아스팔트를 뚫고 나오는 모습을 보면 아스팔트 밑에 숨어 있던 잡초는 그야말로 작고 힘없는 존재다. 하지만 잡초는 자신이 가지고 있는 온 힘을 다해 오랜 시간을 거쳐 아스팔트를 뚫고 나온다. 인간도 마찬가지다. 인간은 만물의 영장이라고 한다. 따라서 자기 자신의 과거를 바꿀 수 있다. 눈앞의 현실을 힘차게 뚫고 나간다면, 힘든 경험도 어느새 자신의 보물이 된다. 나는 책을 읽고 지나온 나의 인생을 되돌아보면서 힘든 시간이었지만 지금의 나를 만들어 준 소중하고 아름다운 추억으로 떠올릴 수 있게 되었다. 잘산다는 정의에 대해서 사랑이 있는 따뜻한 삶을 사는 방법을 가르쳐 준 독서와 글쓰기로 나는 나의 과거를 바꿨다. 감정 조절하지 못하는 사람이 아니라 나의 경험을 통해서 감정 조절하는 방법을 독자에게 전할 수 있게 되었다. 타인을 이해하고 나의 중심을 잡으며 사는 것이 중요하다. 이제는 독서와 글쓰기로 감정 조절하는 방법뿐만 아니라 어제보다 나은 오늘을 위해 필요한 방법을 독서로 배우고 실행하면서 적용 결과에 대한 경험을 글로 쓴다. 이러한 과정을 통해서 어제보다 나은 오늘을 살 수 있게 되었다.

나는 이 책을 쓰면서 또 다른 변화를 경험했다.

책 쓰기를 배우기 시작하고 엄두도 내지 못했던 책 쓰기에 도전할 마음을 먹을 수 있었던 이유가 있다. 내 마음속에 더 이상의 분노, 억울함, 성남, 미움 등의 부정적인 감정이 요동치지 않기 때문이다. 생각을 바꾸고 지난날의 내가 생각했던 좁은 시야와 관점에서 벗어날 수 있었다. 세상의 시선에 휘둘리지 않고 내 마음의 주인으로 설 수 있었다. 책을 쓸 용기가 생겼다. 나 자신도 믿어지지 않았다. 일할 때처럼 나는 책 쓰기 세부 목표를 세웠다. 그리고 달렸다. 초고를 쓰기 시작할 때 매일 한 꼭지씩 글을 쓰겠다고 명확한 목표를 세우고 시작했다. 공저 책 한 권도 동시에 시작했다. 46일간 개인 책 40개 꼭지 초고와 공저 책 4개 꼭지 초고와 퇴고까지 완성했다. 목표를 달성했다. 글쓰기에 재미가 느껴졌다. 쓰기를 즐기자 글이 술술 써지기 시작했다. 나 자신의 마음의 평화와 온화한 평상과 함께 글쓰기를 선물 받았다.

　나에게 무슨 일이 일어난 것인가? 글 두 줄 쓰고 나면 쓸 말이 없어서 노트북을 덮어버리던 나였다. 독서와 글쓰기가 사는 것보다 쉬웠다고 말할 수 없다. 독서는 나를 찾아가는 길고 긴 여정이었다. 나의 문제를 발견하고 해결 방법을 찾기 위해서 여기저기 헤매며 돌아다녔다. 이 길로 가면 내가 찾는 해답을 찾을 수 있을까? 저 길로 가면 찾을 수 있을까? 이런저런 책을 닥치는 대로 읽으며 독서를 이어갔다. 독서와 글쓰기 코치를 일찍 만났다면 훨씬 빨리 나에게 필요한 책을 찾았을 터다. 시간이 오래 걸려서야 글쓰기 코치를 통해서 나를 찾아가는 독서와 글쓰기 길로 올라탈 수 있었다. 어렵사리 독서와 글쓰기를 하게 되었지만 힘든 시간조차 내 인생처럼 결국 책 쓰기에 도움이 되었다. 나는 글쓰기를 배우고 책 쓰기를 하면서 인생을 정리했다. 복잡하고 엉킨 실타래 같았던 생각과 태도를 하나하나 펼쳐 놓고 분류하고 정리하니 문제의 본질을 이해하기가 쉬워졌다.

　마음이 약해졌을 때조차 자기 자신의 주인은 '나'다. 자기 자신을 믿는다는 것은 자기 자신을 신뢰하고 긍정한다는 의미이다. 이는 곧 자존감과 연결된다. 그리고 자존감은 어려움을 뚫고 나가는 회복탄력성의 기반이 되어 힘차게 세상으로 나아갈 수 있도록 도와준다. 자존감이란, 자신을 존중하고 사랑하는 마음이다. 자신의 능력과 한계에 대해 어떻게 생각하는지에 대한 전반적인 의견이다. 스스로 가치 있는 존재임을 인식하고, 인생의 역경에 맞서 이겨낼 수 있는 자신의 능력을 믿고 자신의 노력에 따라 삶에서 성취를 이뤄낼 수 있다는 일종의 자기 확신이다. 자존감이 높은 사람은 다른 사람의 인정과 관계없이 내 존재 자체만으로도 가치 있다는 것을 안다. 자신에 대한 신뢰가 단단하게 자리 잡은 사람은 고난이 닥쳤을 때도 자신감 있게 극복할 수 있다. 자존감을 키우는 핵심은 내가 사랑받는 존재라고 느끼고 스스로 일을 해내는 경험을 통해서 얻어지는 자기 효능감을 느끼는 거다.

"바꿀 수 없는 것은 평화롭게 받아들이는 마음과,
바꿀 수 있는 것은 과감하게 바꾸는 용기와
그것을 구별할 수 있는 지혜를 주소서."

말로 모건, 『무탄트 메시지』

인생은 선택의 연속이다. 내가 할 수 있는 것과 할 수 없는 것을 구분하고 내가 할 수 있는 독서와 글쓰기를 선택하기를 잘했다. 독서와 글쓰기 길이 쉬운 길이라고 말할 수 없다. 그러나, 확실한 것은 나를 변화시키고 어제보다 나은 내일을 위해 책 읽고 글 쓰는 삶이 가장 좋은 선택이다. 내가 찾았던 좋은 선택을 위한 방향을 설정하는 독서와 글쓰기 방법을 소개한다.

첫 번째, 명확하고 구체적인 목표를 설정하는 것이 중요하다. 어떤 결과를 원하는지 미래 내 모습을 그려본다. 어떤 방향으로 나아가고자 하는지 명확히 정의하고 이를 바탕으로 방향 설정을 연습한다. 연습하는 방법으로 글쓰기만한 것이 없다.

두 번째, 나 스스로에 대한 진지한 평가가 필요하다. 자신의 가치, 역량, 관심사, 가치관을 심사숙고하고 정립하는 것이 필요하다. 나의 강점과 약점을 파악하고 개선할 수 있는 분야를 인식하여 그에 맞는 방향을 선택한다. 『위대한 나의 발견 강점 혁명』은 나를 발견하는 데 도움이 되는 책이다.

세 번째, 자신의 미래 비전과 가치관을 명확히 하는 것이 중요하다. 어떤 원칙과 가치를 중요시하고 어떤 방향으로 성장하고 싶은지 고려하여 그에 맞는 방향을 선택한다. 일기는 점검하기 좋은 도구이다.

네 번째, 선택하려는 분야나 관련된 정보를 수집하고 연구하는 노력이 필요하다. 이를 통해 해당 분야의 동향과 전문적인 지식을 습득하면 올바른 방향을 결정할 수 있다.

다섯 번째, 주변에 있는 전문가, 멘토, 선배 또는 경험이 풍부한 사람들의 조언과 지도를 받을 수 있다면 도움이 된다. 그들의 경험과 통찰력을 통해 방향을 조정하고 가치 있는 의견을 얻을 수 있다.

여섯 번째, 방향을 선택하고 나면 그 방향을 향해 진행하며 실험하고 조정하는 것이 중요하다. 실패와 성공을 통해 학습하고 필요에 따라 방향을 조정하여 더 나은 결과를 끌어낼 수 있다. 독서와 글쓰기를 통한 자기 검열의 시간이 도움이 된다.

원활한 소통을 위해 나의 문제를 해결하기 위해 방법을 찾고 공부하는 사람으로 살아가리.

나는 나의 인생의 카르마를 해결하기 위해 또 다른 방향의 어제보다 나은 오늘을 선물해 주는 독서와 글쓰기 노력을 더 하려 한다.

2023년 8월 21일 베트남 하노이에서 김지안

나를 변화로 이끈 인생 책 목록

웨인 다이어(지음), 이한이(옮김), 『인생의 태도』(2020), 더퀘스트

웨인 다이어(지음), 신종윤(옮김), 구본형(해제), 『치우치지 않는 삶』(2010), ㈜도서출판 나무 생각

존 맥스웰(지음), 김고명(옮김), 전옥표(감수), 『사람은 무엇으로 성장하는가』(2012), ㈜비즈니스북스

존 맥스웰(지음), 박산호(옮김), 『어떻게 배울 것인가』(2014), ㈜비즈니스북스

제임스 앨런(지음), 임지현(옮김), 『위대한 생각의 힘』(2005), 문예출판사

제임스 앨런(지음), 안희탁(옮김), 『원인과 결과의 법칙』(2013), 지식여행

제임스 앨런(지음), 김윤희, 김현희(옮김), 『나를 바꾸면 모든 것이 변한다』(2015), 이너북

제임스 앨런(지음), 공경희, 고명선(옮김), 『생각의 지혜』(2015), 도서출판 물푸레

제임스 앨런(지음), 주랑(옮김), 『생각의 법칙』(2021), 이상비즈

칼 필레머(지음), 박여진(옮김), 『내가 알고 있는 걸 당신도 알게 된다면』(2022), 토네이도

엘리자베스 퀴블러 로스, 데이비드 케슬러(지음), 류시화(옮김), 『인생 수업』(2006), 도서출판 이레

케빈 홀(지음), 민주하(옮김), 『겐샤이』(2013), 도서출판 연금술사

류시화(지음), 『좋은지 나쁜지 누가 아는가』(2019), 도서출판 더숲

알렉산더 로이드(지음), 신예경(옮김), 『러브코드』(2019), ㈜시공사 알키

정찬명(편역), 『우파니샤드』(2016), 무지개다리너머

탁닛한(지음), 진우기(옮김), 『오늘도 두려움없이』(2013), 김영사

말로 모건(지음), 류시화(옮김), 『무탄트 메시지』(2003), 정신세계사

닐 도널드 월쉬(지음), 조경숙(옮김), 『신과 나눈 이야기 book1~3』(1997), 길벗어린이㈜

에크하르트 톨레(지음), 노혜숙,유영일(옮김), 『지금 이 순간을 살아라』(2001), ㈜양문

김주환(지음), 『회복탄력성』(2011), ㈜위즈덤하우스

김주환(지음), 『내면소통』(2023), ㈜인플루엔셜

루퍼트 스파이라(지음), 김주환(옮김), 『알아차림에 대한 알아차림』(2023), 퍼블리온

마르쿠스 아우렐리우스(지음), 박문재(옮김), 『명상록』(2018), ㈜현대지성

시라토리 하루히코(지음), 박재현(옮김), 『니체의 말』(2019), 삼호미디어

시라토리 하루히코(지음), 박미정(옮김), 『니체의 말 Ⅱ』(2019), 삼호미디어

프리드리히 니체(지음), 이진우(옮김), 『차라투스트라는 이렇게 말했다』(2020), ㈜휴머니스트출판그룹

수 프리도(지음), 박선영(옮김), 『니체의 삶』(2020), ㈜로크미디어

박찬국(지음), 『사는 게 고통일 때, 쇼펜하우어』(2021), ㈜북이십일21세기북스

아르투르 쇼펜하우어(지음), 김욱(옮김), 『쇼펜하우어 문장론』(2005), 지훈출판사

라이언 홀리데이, 스티븐 핸슬먼(지음), 조율리(옮김), 『스토아 수업』(2021), 다산초당

황진규(지음), 『스피노자의 생활철학-유쾌한 삶을 위한 '에티카' 해설서』(2020), 도서출판 인간사랑

대니얼 카너먼(지음), 이진원(옮김), 『생각에 관한 생각』(2012), 김영사

리사 펠드먼 배럿(지음), 최호영(옮김), 『감정은 어떻게 만들어지는가?』(2017), (사)한국물가정보

브라이언 트레이시(지음), 이옥용(옮김), 『개구리를 먹어라』(2004), ㈜문학수첩

모치즈키 도시타카(지음), 은영미(옮김), 『보물지도』(2009), 나라원

엘리자베스 스탠리(지음), 이시은(옮김), 『최악을 극복하는 힘』(2021), ㈜로크미디어

서은국(지음), 『행복의 기원』(2021), ㈜북이십일21세기북스

칼 세이건(지음), 홍승수(옮김), 『코스모스』(2006), ㈜사이언스북스

로버트 그린(지음), 안진환, 이수경(옮김), 『전쟁의 법칙』(2007), ㈜웅진씽크빅 웅진지식하우스

로버트 그린(지음), 안진환, 이수경(옮김), 『권력의 법칙』(2009), ㈜웅진씽크빅 웅진지식하우스

로버트 그린(지음), 강미경(옮김), 『유혹의 기술』(2012), ㈜웅진씽크빅 웅진지식하우스

로버트 그린(지음), 이수경(옮김), 『마스터리의 법칙』(2013), ㈜살림출판사

로버트 그린(지음), 이지연(옮김), 『인간 본성의 법칙』(2019), ㈜위즈덤하우스 미디어그룹

니콜로 마키아벨리(지음), 신동준(옮김), 『마키아벨리 군주론』(2014), 도서출판 인간사랑

발타자르 그라시안(지음), 정영훈(엮음), 김세나(옮김), 『발타자르 그라시안의 인생수업』(2020), ㈜원앤원콘텐츠그룹

발타자르 그라시안(지음), 임정재(옮김), 『사람을 얻는 지혜』(2016), 타커스

로버트 치알디니(지음), 황혜숙(옮김), 『설득의 심리학 1권』(2013), ㈜북이십일 21세기북스

로버트 치알디니(지음), 김경일(옮김), 『초전설득』(2018), ㈜북이십일 21세기북스

이문열(편역), 『삼국지1~10』(1988), ㈜민음사

유발 하라리(지음), 조현욱(옮김), 『사피엔스』(2015), 김영사

쑹훙빙(지음), 차혜정(옮김), 『화폐전쟁1~5』(2008~2022), ㈜알에이치코리아

리처드 도킨스(지음), 홍영남, 이상임(옮김), 『이기적유전자』(1993), ㈜을유문화사

이나가키 히데히로(지음), 오근영(옮김), 『이토록 아름다운 약자들』(2015), 이마

왕멍(지음), 임국웅(옮김), 『나는 학생이다』(2004), 들녘

미하이 칙센트미하이(지음), 이희재(옮김), 『몰입의 즐거움』(2005), ㈜해냄출판사

황농문(지음), 『몰입』(2007), ㈜알에이치코리아

황농문(지음), 『몰입, 두 번째 이야기』(2011), ㈜알에이치코리아

황농문(지음), 『슬로싱킹』(2020), ㈜위즈덤하우스

짐 퀵(지음), 김미정(옮김), 『마지막 몰입』(2021), ㈜비즈니스북스

안데르스 에릭슨, 로버트 풀(지음), 강혜정(옮김), 『1만 시간의 재발견』(2016), ㈜비즈니스북스

스티븐 코비(지음), 김경섭(옮김), 『성공하는 사람들의 7가지 습관』(1994), 김영사

앤절라 더크워스(지음), 김미정(옮김), 『그릿』(2016), ㈜비즈니스북스

스티븐 기즈(지음), 구세희(옮김), 『습관의 재발견』(2014), ㈜비즈니스북스

제임스 클리어(지음), 이한이(옮김), 『아주 작은 습관의 힘』(2019), ㈜비즈니스북스

갤럽프레스(지음), 『위대한 나의 발견 강점 혁명』(2021), 청림출판

수잔 애쉬포드(지음), 김정혜(옮김), 『유연함의 힘』(2023), 주식회사 상상스퀘어

데일 카네기(지음), 임상훈(옮김), 『데일 카네기 인간관계론』(2019), ㈜현대지성

세이노(지음), 『세이노의 가르침』(2023), 데이원

앤드류 매튜스(지음), 김유경(옮김), 『마음 가는 대로 해라』(2022), 데이원

앤드류 매튜스(지음), 김현아(옮김), 『즐겨야 이긴다』(2007), 도서출판 북라인

구본형(지음), 『나는 이렇게 될 것이다』(2013), 김영사

나폴레온 힐(지음), 이한이(옮김), 『기록하면 이루어진다』(2022), 중앙일보에스㈜

나폴레온 힐(지음), 김정수(편역), 『나폴레온 힐 성공의 법칙』(2015), 중앙경제평론사

유영만, 박용후(지음), 『언어를 디자인하라』(2022), ㈜쌤앤파커스

박용후(지음), 『관점을 디자인하라』(2013), 프롬북스

쉬셴장(지음), 하정희(옮김), 『하버드 첫 강의 시간관리 수업』(2018), 리드리드출판㈜

리처드 윌리엄스(지음), 고원(옮김), 『피드백의 힘』(2021), 도서출판 글로벌브릿지

조 허시(지음), 박준형(옮김), 『피드포워드』(2019), 보라빛소

김호(지음), 『그렇게 물어보면 원하는 답을 들을 수 없습니다』(2019), ㈜위즈덤하우스

김호(지음), 『직장인에서 직업인으로』(2020), 김영사

데이비드 버커스(지음), 장진원(옮김), 『친구의 친구』(2019), 한국경제신문 한경BP

리드 호프먼, 벤 카스노카(지음), 차백만(옮김), 『연결하는 인간』(2015), ㈜알에이치코리아

무라카미 하루키(지음), 임홍빈(옮김), 『달리기를 말할 때 내가 하고 싶은 이야기』(2009), ㈜문학사상

메이슨 커리(지음), 강주헌(옮김), 『리추얼』(2014), ㈜한올엠앤씨

팀 페리스(지음), 박선령, 정지현(옮김), 『타이탄의 도구들』(2017), 토네이도미디어그룹(주)

팀 페리스(지음), 박선령, 정지현(옮김), 『마흔이 되기 전에』(2018), 토네이도미디어그룹(주)

팀 페리스(지음), 박선령, 정지현(옮김), 『지금 하지 않으면 언제 하겠는가』(2018), 토네이도미디어그룹(주)

애덤 그랜트(지음), 홍지수(옮김), 『오리지널스』(2016), 한국경제신문

다니엘 핑크(지음), 이경남(옮김), 『언제 할 것인가』(2018), ㈜시공사

정재승(지음), 『열두 발자국』(2018), 어크로스출판그룹(주)

롭 무어(지음), 이진원(옮김), 『결단』(2019), 다산북스

매튜 룬(지음), 박여진(옮김), 『픽사 스토리텔링』(2022), ㈜현대지성

이영호(지음), 『오프라 윈프리 대화법』(2017), 스마트비즈니스

사이토 히토리(지음), 하연수(옮김), 『부자의 운』(2012), 다산북스

독서와 글쓰기로 온전한 나를 찾아
행복을 만끽하는 방법!

인생은 선택의 연속이다. 내가 할 수 있는 것과 할 수 없는 것을 구분하기 위한 최선의 방법으로, 저자는 독서와 글쓰기를 선택했다. 물론 독서와 글쓰기라는 길이 쉬운 길이라고 확신할 수는 없다. 하지만 온전한 나를 찾아 행복을 만끽할 수 있는 최고의 방법이라고 저자는 단호하게 말한다.

독서만 했을 때는 현상을 이해하기에 바빴지만 삶이 눈에 띄게 바뀐 변화는 글쓰기를 만나면서부터 시작됐다고 한다. 독서와 글쓰기를 하고부터 생각의 폭이 넓어졌고 이전과는 다른 생각과 태도로 일상을 보내게 되었다.

독서와 글쓰기를 통해 인생의 문제를 발견하고
해결하고 싶은 사람을 위한 지침서!

보다 더 주체적인 삶을 살기 위한 지침이 필요하다면?
어제보다 더 나은 오늘을 위해 노력하지만 방법을 모르겠다면?

이 책을 통해 나를 위한 최고의 방법인 독서와 글쓰기를 배워보자!
이 책은 저자가 오랜 해외생활 속에서 부딪히고 깨지며 터득한
독서와 글쓰기의 중요성을 담백하게 이야기하고 있다.
독서를 통해 타인의 삶에서 영감을 얻고,
글을 쓰면서 스스로를 재조명하며 삶을 새롭게 가꿀 수 있을 것이다.

03190

ISBN 979-11-6910-413-5
값 17,500원

9 791169 104135